BIBLIOTHÈQUE

DE LA REINE

MARIE-ANTOINETTE

AU PETIT TRIANON

D'APRÈS

L'INVENTAIRE ORIGINAL DRESSÉ PAR ORDRE DE LA CONVENTION

CATALOGUE

AVEC DES NOTES INÉDITES DU MARQUIS DE PAULMY

MIS EN ORDRE ET PUBLIÉ

Par PAUL LACROIX

Conservateur de la Bibliothèque de l'Arsenal.

PARIS

JULES GAY, ÉDITEUR

QUAI DES AUGUSTINS, 41

1863

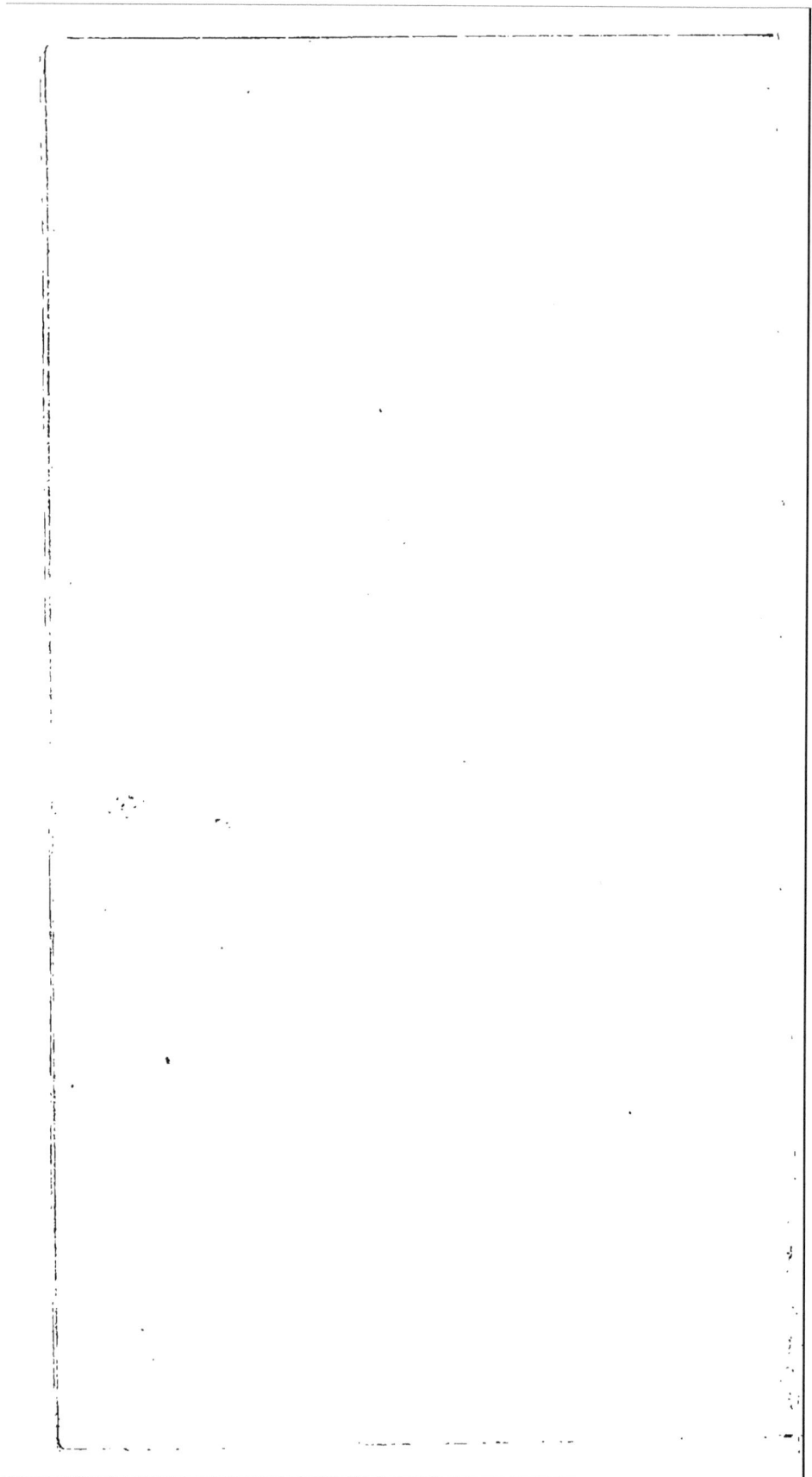

BIBLIOTHÈQUE

DE LA REINE

MARIE-ANTOINETTE

AU PETIT TRIANON

D'APRÈS

L'INVENTAIRE ORIGINAL DRESSÉ PAR ORDRE DE LA CONVENTION

CATALOGUE

AVEC DES NOTES INÉDITES DU MARQUIS DE PAULMY

MIS EN ORDRE ET PUBLIÉ

Par PAUL LACROIX

Conservateur de la Bibliothèque de l'Arsenal

PARIS

JULES GAY, ÉDITEUR

QUAI DES AUGUSTINS, 41

1863

Ce volume a été tiré à :

2 exemplaires sur peau de vélin,
15 exemplaires sur papier de Chine,
300 exemplaires sur papier de Hollande.

—————

N° 2

—————

Paris — Imprimerie de L. MARTINET, rue Mignon, 2.

A JULES JANIN.

MON CHER AMI ET VIEUX CAMARADE,

Vous avez écrit les pages les plus touchantes, les plus éloquentes, qui aient peut-être été écrites sur les cheveux blancs de Marie-Antoinette; et depuis que ces belles et nobles pages ont vu le jour, il y a de cela trente à trente-trois ans, vous n'avez jamais cessé de vouer un culte de respect, d'admiration et de larmes à cette reine infortunée, qui a reçu deux couronnes ici-bas, la couronne de France et la couronne du martyre.

Je vous demande la permission de vous communiquer, en vous offrant ce petit livre de bibliographie impartiale et non politique, un des plus intéressants feuilletons que l'*Indépendance belge* ait publiés, dans son numéro du 14 octobre dernier, sous la signature d'*Éraste*.

IV

Cet Éraste est, à coup sûr, un de nos meilleurs et de nos plus spirituels écrivains ; vous devez le connaître, vous qui depuis un tiers de siècle êtes le juge souverain de toutes les choses littéraires que la Critique fait ressortir au tribunal de la presse.

Toujours est-il que la lecture de ce feuilleton m'a donné l'envie de lire l'ouvrage qui l'avait inspiré et qui en avait eu les honneurs. J'ai donc lu avec le plus vif intérêt cet ouvrage, intitulé : *Livres du boudoir de la reine Marie-Antoinette. Catalogue authentique et original publié pour la première fois avec préface et notes*, par Louis Lacour (Paris, J. Gay, 1862, in-16 de LXV et 144 pages), et j'ai mis en tête de mon exemplaire l'extrait du feuilleton, que je vais transcrire exprès pour vous, en me donnant ainsi le plaisir de le relire avec vous :

« Toutes les fois qu'il s'agit d'un drame aussi terrible et solennel que la Révolution française, la chute de l'Empire, ou le retour des Bourbons, il n'est pas de détail historique, si petit qu'il soit, au premier abord, qui n'ait son importance et sa curiosité. On a retrouvé

naguère le Catalogue d'une étrange bibliothèque, à l'usage de la reine Marie-Antoinette,
et voici, pas plus tard que ce matin, paraître,
au milieu des mémoires les plus diffus, les
Lettres de madame Du Cayla, l'Égérie,
un peu moins que cela sans doute, du roi
Louis XVIII. Certes, avec ce Catalogue, avec
ces Lettres de madame Du Cayla, il n'est pas
nécessaire absolument d'avoir le sens critique bien exercé pour écrire un chapitre
intéressant.

» Cette reine infortunée, amnistiée, et au
delà, des légèretés de sa jeunesse, par la lon-
gueur de son supplice et l'atrocité de sa mort,
avait rencontré, chez nous, un mauvais conseiller, un méchant guide, appelé l'abbé de
Vermond, le plus futile et le plus imprévoyant
de tous les hommes. Cet abbé de Vermond,
quand il aurait dû inspirer à la jeune dauphine
et bientôt à la reine un sentiment profond de
l'amour et du respect qu'elle devait porter à
ce grand royaume, et quand, pour en faire
une Française, il aurait dû l'initier à tout ce
que l'esprit français avait de charme et d'élégance, ajoutez de vie et de passions, dans les

temps de Voltaire et de Diderot, se complut, au contraire, à entourer cette imprudente Majesté des plus tristes et des plus fades compositions des écrivains de pacotille et des romanciers à l'usage des petites-maisons. Ce fut l'abbé de Vermond lui-même qui fournit à la reine cette bibliothèque intime dont la dernière lorette de nos jours ne soutiendrait pas la lecture. On frémit d'impatience, en songeant à quelles compositions misérables la fille des Césars, reine de France, et mère d'un roi futur, était incessamment condamnée, et les âmes les moins tendres la prennent en pitié, voyant dans ces belles mains de pareils livres, et songeant combien elle sera désarmée aux heures sombres où les infortunés, livrés à eux-mêmes, n'ont pas d'autre consolation que de se rappeler les bonnes œuvres et les bonnes lectures qu'ils ont faites dans leurs beaux jours. Certes, les bonnes œuvres ne manquaient pas à Sa Majesté la reine ; elle était bienfaisante et bienveillante, affable à plusieurs, accessible à tous, mais quelles tristes et stériles lectures, et les coupables plaisirs de l'esprit, que lui procurait l'abbé de Vermond !

» J'ouvre avec effroi ce Catalogue, orné de
.outes les splendeurs de la couronne, et je rencontre une suite de livres presque honteux,
.out couverts de fleurs de lis et dont le contact
déshonore les armes royales. Pas un des lec-
.eurs les plus acharnés, excepté moi peut-être,
qui ait ouvert la plupart de ces compositions
emportées par l'orage et le mépris. Voici quelques-uns des titres de ces livres « du boudoir» :
*Adrienne, ou les Aventures de la marquise de
N**** ; *l'Amitié dangereuse, ou Célimaure et
Amélie , histoire véritable ; Amusements
d'un septuagénaire, Amusements du jour,
Anecdotes tirées de l'amour conjugal.* Tel
était le premier rayon de cette armoire de bois
d'acajou, toute chargée des ciselures et des
cuivres dorés de Gouthières, un meuble
exquis, surmonté d'une couronne de fleurs,
aux spirales chargées de guirlandes, aux armes
de France et d'Autriche, une merveille, une
cage admirable où chantaient de si vilains
oiseaux.

» Cependant, voici sur la deuxième tablette :
Aspasie et *l'Année galante , l'Aventurier
français et ses quatre suites, Aurélia et la*

Belle Syrienne, toute « la Bibliothèque de campagne » et toute « la Bibliothèque des romans. » Vous avez, à la tablette quatre : *Camille, Caroline, Cécile; Célide, ou Histoire de la marquise de Bléville;* puis *la Comtesse d'Alibre, ou le Cri du sentiment.* M. Louis Lacour, un grand dénicheur de merles de ce temps-ci, le savant éditeur de ce Catalogue, a copié toute une scène de la *Comtesse d'Alibre,* où l'on trouve (oh! quelle fête à lire un aussi bel ouvrage!) la page que voici : « Le trépas » moissonnait à petit bruit le fils de la comtesse; » sa mère voyait ses joues enfantines où déjà les » violettes avaient remplacé les lys. » Cependant le comte d'Alibre est impitoyable, et comme il est impatient d'en finir avec la comtesse et son enfant, « il envoie des satellites prendre et » enlever l'enfant de cette femme infortunée, » pour le mettre entre les mains de sa mère, et » la contraindre, ou de manger le fruit de ses » entrailles, et de périr ensuite dans les horreurs » de l'épouvante, ou d'expirer avec lui dans les » agonies de la rage. » Vous voyez qu'en ce temps-là déjà le roman terrible était inventé. Mais, juste ciel! quand la reine Marie-Antoi-

nette était enfermée au sommet de la tour du
Temple, et quand elle chantait au lit de M. le
dauphin la douce cantilène du bonhomme
Berquin :

> Dors, mon enfant,
> Clos ta paupière ;
> Tes cris me déchirent le cœur.
> Dors, mon enfant,
> Ta pauvre mère
> A bien assez de sa douleur.

» Ce bel enfant perdant déjà, lui aussi, ses
lis et ses roses, si la prisonnière est venue à
se souvenir des malheurs de la comtesse d'Alibre *expirant dans les horreurs de l'épouvante*, aura-t-elle été frappée de la triste
ressemblance entre ses malheurs et ces ridi-
cules fictions !

» Nous avons aussi, en fait de terreur :
*Euphémie, Evelina, Georgina, Henriette
de Gerstenfeld, Histoire de Fanny Spingler ;
Histoire de lady Barton, de miss West,
de mademoiselle de Sirval, de Sophie et
Ursule.* Hélas ! l'auteur de *Sophie et Ursule*,
M. Levacher de Charnois, qui avait épousé
mademoiselle Préville de la Comédie française,

X

fut masssaré à l'Abbaye le 2 septembre 1792.
Il y avait aussi *Lucinde, ou les Amants tra-
versés*, *les Malheurs de la jeune Émilie*,
Azéma, dédiée aux cœurs sensibles, et *le
Souterrain*. On a la chair de poule à lire
seulement les titres de ces livres d'horreurs.

» Après les plaisirs de la terreur, rien de
plus convenable et de plus recherché, pour « les
livres du boudoir », que les histoires galantes
et les petits romans qui fleurissaient encore
aux alentours de 1789. *Une seule faute* et *la
Visite d'été*, *le Vice et la Faiblesse*, *les Travers d'un homme de qualité*, *les Suites d'un
moment d'erreur* et *les Rendez-vous du parc
de Saint-Cloud*, avec les *Mémoires du sultan
Faithful*, *les Confidences d'une jolie femme*,
les Confessions d'une courtisane, *l'Année
galante*, et surtout *l'Histoire de Sophie de
Francourt*, représentent la partie la moins
voilée de ces tristes lectures. Avec grande raison, l'éditeur curieux de ce triste Catalogue a
souligné plus d'un passage, et nous lui em-
prunterons, s'il vous plaît, cette page de *Sophie de Francourt*, que l'auteur lui-même,
dans sa préface, recommandait comme un

roman *qui ne pouvait porter qu'à l'amour de
la vertu :*

« Un mouvement que fit la bergère laissa
» paraître un petit pied fait au tour, et l'action
» de son bras pour le recouvrir, fit apercevoir
» au marquis une gorge charmante... Une de
» ses jambes se montrait à moitié..., etc., etc. »
Voilà de quels romans était semé, en 1786,
le chemin de la vertu!

» Que disons-nous? Un de ces livres qui
peuvent souiller toute une époque, un livre
idiot, à l'usage des marquis oisifs et des filles
perdues, *Faublas*, puisqu'il faut l'appeler par
son nom, occupait la première place de la
première tablette, dans le boudoir de la reine!

» Elle n'avait pas l'*Imitation*, elle n'avait
pas le *Petit Carême*, on lui donnait *Faublas!*
Eh! quelle eût été son épouvante si quelque
prophète lui eût annoncé que l'auteur de cette
histoire, où le scandale et l'absurde ont ac-
compli leur chef-d'œuvre, avant cinq ans d'ici,
deviendrait un des juges suprêmes de la vie et
de la majesté du roi de France et de sa race?
O misère! être jugé et condamné par l'auteur
du *Chevalier de Faublas!* Non loin de là,

tout à côté, le *baron de Trenck*, destiné à
l'échafaud de la Révolution, après avoir
échappé par miracle aux plus formidables
bastilles de ce despote appelé Frédéric le
Grand, étalait ses *Mémoires* en deux petits
volumes in-12. Non loin du Théâtre licencieux
de Collé, arrivaient dans leur forme immonde,
et tout ornés de ces viles images où la bêtise
et l'obscénité vont de compagnie et semblent
engluées l'une à l'autre, les romans sans forme
et sans nom de Rétif de la Bretonne. A les
flairer, à les entr'ouvrir, ces livres hideux, vous
comprenez que la fin du monde est proche, et
vous demeurez épouvanté à rencontrer cette
complète dégradation de la forme et du fond
dans un livre! Ainsi, vous avez *les Parisiennes, les Quarante Parisiennes*; vous avez
le Paysan perverti et *la Paysanne per-
vertie*, « avec les images » ; vous avez *les
Nuits de Paris, le Spectateur nocturne*,
une des rêveries les plus étranges de ce Rétif,
qu'on dirait pris de vin et d'opium. Rien n'y
manque; il est là tout entier, ou du moins
tout ce qu'il a fait, jusqu'à l'heure où son-
nera la grande Révolution, réveillant ces

âmes endormies aux misérables récits de ces folies et de ces corruptions. Rétif de la Bretonne !... et René Lesage est absent. *Les Contemporaines* de Rétif de la Bretonne en quarante-deux volumes in-12, et nous avons chassé de cette bibliothèque intime les *Caractères de la Bruyère* et les *Essais de Michel de Montaigne* ! On a privé cette reine, obéissante à de si tristes conseils, des plus douces et des plus utiles lectures : ni les *Fables* de la Fontaine, ni les *Fables* de Florian, colonel des dragons, mort de peur un jour qu'il avait la fièvre et qu'il écoutait, du fond de son lit, le crieur de la rue appelant le citoyen Florian au Comité de salut public ! Des grands écrivains du xviiie siècle : Buffon, d'Alembert, Jean-Jacques Rousseau, pas une page et pas un mot dans la *Bibliothèque du boudoir !* Rien que des parodies, des licences et des bergères endormies au coin des bois : « Il faisait » chaud; il la trouva endormie à l'ombre d'un » buisson. Soit qu'en dormant elle eût dérangé » son mouchoir, soit que dans cette solitude » elle eût cru pouvoir en liberté se décou- » vrir, son sein était nu. » Voilà cependant ce que l'abbé de Vermond montrait à la reine oisive.

» Il est vrai qu'il la délivrait de Montesquieu, de Bossuet, de Pascal, de Molière, du *Tartufe;* il la délivrait surtout de ce grand Voltaire, le maître absolu de cette fin de siècle agonisant, où son rire était resté, tantôt menace implacable, tantôt comme un conseil. Lisez donc, ô reine, *l'Homme et la femme sensibles*, et *l'Homme errant fixé par la raison;* abîmez-vous dans les délices des romans anglais, étudiez et répétez le rôle de Suzanne du *Mariage de Figaro*, c'est bien fait, nous n'avons rien à redire : il suffit que vous évitiez Voltaire et ses évocations. Lisez tout le petit Crébillon : *Angola, le Coin du feu, le Sopha*, et lisez l'abbé de Voisenon ; mais, sur votre tête et sur la nôtre, nous vous défendons *Candide :* il ferait crouler Versailles, renverserait Trianon ! Dans *Candide* est contenu le terrible chapitre vingt-six : « D'un souper que Candide et Martin firent avec six étrangers, » et mieux vaudrait que la reine apprît *Angola* par cœur, ou *les Liaisons dangereuses*, que de lire une seule fois ce terrible chapitre vingt-six. Ainsi

raisonnaient l'abbé de Vermond et ses pareils ;
ils sont morts les uns et les autres, sans avoir
compris les leçons contenues dans le merveilleux pamphlet de Voltaire ; ils auraient donné
tout *Candide*, tout Voltaire, pour *les Contemporaines* de Rétif de la Bretonne. »

Qu'en dites-vous, mon cher ami ? N'est-ce
pas là un article du bon faiseur ? Vous ne fe-
riez pas mieux vous-même, si vous aviez à
nous faire part des réflexions que vous aurait
suggérées la lecture de l'ouvrage de M. Louis
Lacour.

Eh bien ! cet ouvrage, si curieux, si piquant
qu'il soit, et dont la publication a causé une
certaine sensation dans un monde où les cata-
logues de livres ne pénètrent jamais, cet ouvrage qui eût sans doute mérité d'arrêter
aussi votre attention, s'il était tombé dans vos
mains, cet ouvrage m'a semblé dépasser le but
que le savant éditeur s'était proposé, ce me
semble, puisqu'on pourrait en tirer des induc-
tions fâcheuses à l'égard du caractère de Marie-Antoinette ; car M. Louis Lacour s'est attaché, avec un peu trop de rigorisme, à démon-
trer que les livres dont la reine faisait sa

lecture ordinaire, étaient tous du genre le plus futile et le moins respectable.

Il n'y avait pas, je l'avouerai, de doute possible sur l'authenticité du manuscrit, qu'on publiait pour la première fois. Ce manuscrit, conservé à la Bibliothèque impériale, était bien réellement le catalogue usuel dont la reine se servait pour la bibliothèque de son boudoir. Mais cette bibliothèque ne renfermait qu'un petit nombre de livres de littérature légère et amusante; ce n'était pas la bibliothèque, la véritable bibliothèque de la reine de France.

Marie-Antoinette avait deux bibliothèques : celle du château de Trianon, de laquelle faisaient partie les *livres du boudoir*, et celle du château des Tuileries. Cette dernière était la plus considérable, la plus royale en un mot. Nous n'en avons pas vu le catalogue (1), mais nous savons que tous les livres qui la composaient, et qui s'élevaient à plusieurs milliers, furent transportés, dans les premiers

(1) Ce catalogue est conservé à la Bibliothèque impériale, département des manuscrits, n° 2929, supplément français.

mois de 1793, à la Bibliothèque de la rue
de Richelieu, où ils doivent être encore.
Voici en quels termes Millin annonçait, dans
le *Magasin encyclopédique* (page 169 du
volume de 1792-93), le séquestre des livres
de Marie-Antoinette :

« Les différentes collections de livres qui
existoient dans le château des Thuileries vien-
nent d'être transportées à la Bibliothèque nationale. La plus considérable étoit celle de la
reine : elle consistoit principalement en un
grand nombre d'ouvrages de littérature françoise, angloise et italienne. Les livres étoient
reliés en maroquin, avec l'écusson de France
et le sien propre, à l'exception des ouvrages
anglois, qui ont une reliure angloise. On y
remarque une belle collection sur toile des
cartes de la France, rangées par provinces;
beaucoup de beaux exemplaires d'ouvrages sur
différentes parties des sciences, qui lui avoient
été offerts par leurs auteurs, ou qui lui ve-
noient des souscriptions faites par la cour ; une
collection considérable de pièces de théâtre;
une suite très curieuse de partitions d'opéras
des grands maîtres italiens, et principalement

XVIII

la collection complète des ouvrages de Gluck. Les ouvrages de Lavater et d'autres écrits singuliers se trouvent dans cette bibliothèque, qui annonce un esprit curieux et cultivé. Ce qui nous a étonnés, ç'a été de n'y voir que très peu de livres écrits en allemand, langue du pays de Marie Antoinette. »

Millin ajoute que le roi, dont la bibliothèque aux Tuileries était peu importante, sa grande et magnifique bibliothèque particulière étant restée à Versailles, avait recours pour ses lectures à la bibliothèque de la reine.

Marie-Antoinette n'avait pas de livres à Versailles (1) ; sa bibliothèque de campagne était au château du petit Trianon. C'est là que la trouvèrent, à peu près intacte, les commis-

(1) Les commissaires chargés d'inventorier les livres de la *femme Capet* ne trouvèrent dans ses appartements, au château de Versailles, que des exemplaires en nombre des trois ouvrages suivants, auxquels la reine avait souscrit :

1º Mémoires de Goldoni, pour servir à l'histoire de sa vie et à celle de son théâtre. *Paris, veuve Duchesne,* 1787, 3 vol. in-8 41 exempl. br.).

2º Opere del Metastasio. *Parigi, veuve Hérissant,* 1780, 12 vol in-4, gr. papier (23 exempl br.).

3º La Gerusalemme liberata di Tasso, stampata

saires nommés par la Convention pour en faire l'inventaire descriptif, en 1793. Cet inventaire, que nous publions d'après le registre original, est intitulé : *Catalogue des livres provenant de chez la femme Capet, au Petit-Trianon, district et commune de Versailles.* Ce Catalogue alphabétique, par noms d'auteurs et par titres d'ouvrages, a été rédigé assez soigneusement. Nous avons eu peu de corrections à y faire ; nous nous sommes contenté de classer les livres dans l'ordre systématique des divisions ordinaires de la Bibliographie, et nous avons ajouté seulement les noms d'auteurs pour les ouvrages anonymes, avec des notes inédites du marquis de Paulmy, relatives à la plupart des romans, qui forment

d'ordine di Monsieur. *Parigi, Fr. A. Didot l'aîné,* 1784-86, 2 tom. en 4 vol. in-4, gr. pap. vélin (17 exempl br.).

Il y avait de plus un grand ouvrage de conchyliologie, appartenant sans doute à la bibliothèque des Tuileries, lequel fut remis plus tard à la bibliothèque de Versailles :

Figures of no described Shells collected in the different voyages to the southseas, etc., by Thomas Martyn, 1784, 1 vol. gr. in-4, mar. r., avec 41 pl. en feuilles, coloriées.

une des classes les plus nombreuses de ce catalogue.

M. Louis Lacour, en citant le *Manuel des châteaux* comme le code des bibliothécaires de boudoir, a prouvé que le marquis de Paulmy s'était fait l'arbitre des lectures légères de l'aristocratie. Le marquis de Paulmy, ancien ministre d'État, ancien ambassadeur, ne dédaignait pas de décider par lui-même du mérite des romans, qui paraissaient alors avec autant de persistance qu'aujourd'hui et qui rencontraient moins d'indifférence, il est vrai. A cette époque, on les lisait presque tous. Maintenant on en lit à peine quelques-uns, quoique les plus mauvais de notre temps valent les meilleurs de ceux qui charmaient nos grands'mères.

M. le marquis de Paulmy était donc un autre Pétrone, au Festin de Trimalcion près, *elegantiarum arbiter.* Il faisait comparaître devant lui tous ces romans qui se succédaient comme les feuilles que le vent d'automne détache des arbres à demi dépouillés ; il les lisait, il les jugeait en dernier ressort, et il écrivait ses arrêts sur le Catalogue raisonné de sa grande bibliothèque , qui est devenue notre Bibliothèque de l'Arsenal. Ce sont les jugements de cet aimable bibliophile, que nous avons cru devoir citer comme extraits des Pandectes de la critique romancière, à propos des romans et des contes qui s'étaient introduits, à tort ou à raison, dans la bibliothèque de Marie-Antoinette, et que cette pauvre reine n'avait probablement pas eu le temps de feuilleter.

Tous ces livres, de peu de valeur vénale, exemplaires communs en papier ordinaire, reliés simplement en veau écaille, et dorés sur tranche, avec les initiales C. T. (château de Trianon) au dos et les armes de la reine sur les plats, ont passé dans les bibliothèques publiques du département de Seine-et-Oise ; la bibliothèque de Versailles en possède le plus grand nombre. On les retrouverait la plupart dans ces établissements, auxquels ils ont été concédés en sortant du dépôt central du district ; car, à l'époque où l'inventaire en fut dressé par les soins des commissaires, personne n'eût songé à détourner un volume appartenant à la Nation et provenant des biens confisqués d'un condamné. Ce fait explique comment on n'a jamais vu passer en vente un seul livre de la bibliothèque du petit Trianon.

Cependant la plupart des ouvrages qui avaient été mis à part dans les deux armoires du boudoir de Marie-Antoinette ont manqué à l'inventaire, et il est difficile de se rendre compte de leur disparition. Ont-ils été portés au château des Tuileries, lorsque la malheureuse reine est venue s'y fixer après les terribles journées des 5 et 6 octobre 1789? Ont-ils été détruits, ou perdus, ou volés? Le champ est ouvert aux conjectures Il n'en est pas moins certain que ces ouvrages, publiés la plupart entre les années 1780 et 1789, ont tous existé dans le boudoir de Marie-Antoinette, au petit Trianon, avant que le roi et la reine eussent été ramenés de Versailles à Paris par le peuple et la garde nationale. Nous avons dû, en conséquence, ajouter au catalogue des ouvrages inventoriés révolutionnairement la liste de tous ceux qui ne figurent pas dans cet inventaire. Un astérisque désigne dans le Catalogue ceux qui ont fait partie de la collection du boudoir.

Voilà donc quelle était la bibliothèque du petit Trianon, bibliothèque de récréation et de délassement, composée presque exclusivement de romans et de pièces de théâtre. Voyez-vous grand mal à cela, mon cher ami? Rien de plus naturel et de plus convenable, m'est avis; car, pour être reine, on n'en est pas moins femme, et les femmes, avant la Révolution, ne lisaient guère que des romans, des poésies et des pièces de théâtre.

Hélas! il ne fallait que la Révolution pour rendre Marie-Antoinette plus sérieuse, et je gagerais que, depuis l'ouverture des États généraux, jusqu'au 16 octobre 1793, la reine de France n'a pas eu l'idée de toucher à un roman.

Je ne me ferai pas le prôneur entêté ou même le défenseur officieux des innombrables romans de ce temps-là, mais je me garderai bien aussi de les condamner en masse. Ces romans étaient ce que l'époque les avait faits: telles mœurs, tels romans. *Angola*, *le Sopha* et *les Bijoux indiscrets* n'étaient pas plus déplacés sous le règne de Louis XV que le *Cyrus* et le *Pharamond* pendant la Fronde.

Sous le règne de Louis XVI, la mode avait imposé au goût du jour deux espèces de romans, bien différentes l'une de l'autre : le roman sentimental, traduit ou imité de l'anglais ; le roman trivial ou réaliste, dont *le Paysan perverti*, de Rétif de la Bretonne, est resté le type grossier, mais énergique. Eh bien ! tous ces romans-là se trouvaient et devaient se trouver dans une bibliothèque de campagne ou de château. Faut-il s'étonner qu'ils se soient trouvés dans celle de Marie-Antoinette ?

M. Louis Lacour a supposé que la bibliothèque de cette malheureuse reine, ou du moins sa collection de livres de boudoir avait été formée par l'abbé de Vermond, son ancien précepteur. Cette supposition n'est pas soutenable. L'abbé de Vermond, qui fut moins un abbé galant qu'un abbé politique et intrigant de bas étage, ne se souciait pas plus des romans nouveaux que de son bréviaire, qu'il ne lisait jamais, et l'inventaire de sa propre bibliothèque, que j'ai là sous les yeux, me prouve assez qu'il n'avait pas d'autres livres que ceux que lui donnaient les auteurs

t les libraires pour se mettre dans ses bonnes
gâces.

La bibliothèque du petit Trianon avait été
ormée, on peut l'affirmer, par le libraire de
a reine, Moutard ou Le Jay, qui reçut peut-
tre l'ordre d'y faire entrer de préférence des
pièces de théâtre et des romans. Ce libraire,
uivant l'usage de l'époque, achetait toutes les
nouveautés, sans penser à mal, dès qu'elles
étaient annoncées dans le *Mercure de France*
pu dans l'*Année littéraire*, et ces nouveautés,
jui s'en allaient successivement se ranger sur
es rayons de la bibliothèque particulière de
a reine, avaient été imprimées, la plupart,
sous la rubrique de Londres ou d'Amsterdam,
en vertu d'une permission tacite délivrée dans
les bureaux de la police. Je croirais volontiers
que, par exception, Marie-Antoinette de-
mandait à son libraire quelque roman qui
faisait plus de bruit que les autres, et dans
tous les cas elle choisissait certainement les
pièces qu'elle voulait faire jouer sur son théâtre
de société, où elle montait elle-même avec
les personnes de sa cour. Ces pièces de
théâtre, qui n'ont souvent pas de titre dans

les exemplaires de la bibliothèque du petit
Trianon (1), sont extraites, soit des œuvres
de l'auteur, soit de diverses collections dramatiques; ce qui montre que le libraire ne pre-
nait pas même la peine de chercher les éditions originales.

Tous les volumes de cette bibliothèque
étaient reliés de la même manière, le plus simplement possible, comme je l'ai déjà dit. Il y
avait seulement quelques volumes brochés,
entre autres *la Chercheuse d'esprit* de Favart.
On sait que c'était un des rôles favoris de
Marie-Antoinette, et l'on n'est pas surpris de
rencontrer cinq exemplaires de cet opéra-
comique qui fut représenté plusieurs fois, en
présence du roi et de la cour, au petit Trianon.
N'était-ce pas un plaisir bien innocent, que ces
représentations dans lesquelles la reine riva-

(1) L'inventaire décrit ainsi ces fragments de
volumes :
L'École des maris, comédie. Ce volume paraît être
tiré d'un autre; il commence à la page 91 1 volume
in-12, v. é.
Xercès, tragédie. Ce volume paraît tiré d'un
autre; il commence à la page 157. 1 volume in-12,
v. é.

lisait d'esprit, de grâces et de beauté, avec la
duchesse de Polignac et la princesse de Lam-
balle ? Plût à Dieu qu'elle eût continué à jouer
la comédie, au lieu de se mêler de politique !
On n'aurait jamais vu l'Autrichienne dans la
reine de France.

Je me garderai donc bien de reprocher à Marie-Antoinette d'avoir aimé les pièces de théâtre
et d'avoir peut-être lu des romans. Je lui par-
donnerais même de s'être engagée, à son insu,
dans la lecture de *Faublas* ou des *Contemporaines*. Elle ne pouvait pas, elle ne devait pas
être plus prude ou plus sévère que les jeunes
femmes de la noblesse et de la bourgeoisie,
qui se passionnaient pour le héros de Louvet
et pour les héroïnes de Rétif de la Bretonne.
Faublas n'avait pas encore été dénoncé, jugé
et condamné comme un mauvais livre, et, je
ne vous le cache pas, mon cher Janin, ces
mauvais livres-là me semblent mille fois moins
dangereux que l'*Émile* et le *Contrat social*
de Jean-Jacques.

Vous, cher ami, qui êtes affolé comme mo
de l'amour des livres, vous qui possédez une
bibliothèque mieux choisie et beaucoup plus

XXVIII

précieuse que celle de la reine de France au petit Trianon, vous ne blâmerez pas cette spirituelle et adorable reine d'avoir réuni des romans et des pièces de théâtre dans sa bibliothèque de campagne, et vous vous souviendrez qu'elle avait, en outre, au château des Tuileries, une admirable bibliothèque, digne d'une reine de France, bibliothèque où ne manquaient, je vous assure, ni la Bruyère, ni Montesquieu, ni Pascal, ni Montaigne. C'est une vérité bonne à dire ici : les pièces de théâtre et les romans n'ont jamais envoyé à l'échafaud une tête couronnée.

Soyons donc plus indulgents pour les romans et les pièces de théâtre, et rappelons-nous que Marie-Antoinette, vivant à notre époque et ayant encore une bibliothèque, n'eût pas hésité à placer tous vos romans parmi ses livres de prédilection, au petit Trianon et même aux Tuileries.

1er décembre 1862.

PAUL LACROIX.

BIBLIOTHÈQUE

DE LA REINE

MARIE-ANTOINETTE

AU PETIT TRIANON.

SCIENCES ET ARTS.

1. La Philosophie du bon sens, ou Réflexions philosophiques sur l'incertitude des connoissances humaines; nouv. édit. augmentée. *La Haye, P. Paupie*, 1768, 2 vol. in-12.

2. Dictionnaire des origines, découvertes, inventions et établissemens, ou Tableau historique de l'origine et du progrès des sciences en tout ce qui a rapport aux arts et aux sciences, aux modes, etc., par une Société de gens de lettres. *Paris, Moutard*, 1777, 3 vol. in-8.

Par Sabatier de Castres et Préfort.

3. Encyclopédie, ou Dictionnaire raisonné des sciences, arts et métiers, par une Société de gens de lettres, mis en ordre et publié par M. Diderot, et, quant à la partie mathéma-

A 1

tique, par M. d'Alembert; édition conforme
à celle de Pellet. *Lausanne, Société typographique,* 1778, 72 vol. in-8 à 2 col.

4. Recueil de planches pour la nouvelle édition du Dictionnaire raisonné des sciences,
arts et métiers, avec leur explication. *Lausanne et Berne, Société typographique,* 1779,
3 vol. in-4, fig.

5. Dictionnaire des passions, des vertus et
des vices, ou Recueil des meilleurs morceaux
de morale pratique, tirés des auteurs anciens
et modernes, étrangers ou nationaux, par
l'auteur des Trois siècles de la littérature.
Paris, Laporte, 1767, 2 vol. in-8.
Par Sticotti et Sabatier de Castres.

6. Histoire de l'Alcoran, où l'on découvre le
système politique et religieux du faux prophète et les sources où il a puisé sa législation,
par M. Turpin. *Lond es et Paris, Dehansy,*
1775, 2 vol. in-12.

7. Entretien d'un Européan avec un Insulaire
du royaume de Dumocala. *S. n.,* 1752, in-8.
Par Stanislas, roi de Pologne et duc de Lorraine.

8. Dictionnaire raisonné universel d'histoire
naturelle, contenant l'histoire des animaux,
des végétaux et des minéraux, celle des
corps célestes, des météores et autres principaux phénomènes de la Nature, avec l'histoire et la description des drogues simples

tirées des trois règnes, etc., par M. Valmont de Bomare ; 3ᵉ édit. revue et augmentée. *Lyon, Bruyset,* 1776, 9 vol. in-8.

9. Œuvres complettes de M. le comte de Buffon : Théorie de la Terre et les époques de la Nature. *Paris, Imprimerie royale,* 1774 et suiv., 13 vol in-12, fig.

10. Œuvres complettes de M. le comte de Buffon : Animaux, quadrupèdes. *Paris, Imprimerie royale,* 1775-77, 9 vol. in-12, fig.

11. Histoire naturelle : Table des matières contenues dans les Œuvres complettes de M. le comte de Buffon. *Paris, Imprimerie royale,* 1779, in-12.

12. Mémoires pour servir à l'histoire des insectes, par M. de Réaumur. *Paris, Imprimerie royale,* 1784, 5 vol. in-4, fig.

13. Nouveau dictionnaire universel et raisonné de médecine, de chirurgie et de l'art vétérinaire, contenant des connoissances étendues sur toutes ces parties, etc., par une Société de médecins. *Paris, Hérissant le fils,* 1772, 6 vol. in-8.

Par Nicolas, Demarque, et de la Servole.

14. Dictionnaire portatif de santé. *Paris, Vincent,* 1772-77, 4 vol. in-8.

Par Ch. A. Vandermonde.

15. Dictionnaire raisonné universel des arts et

métiers, contenant l'histoire, la description, la police des fabriques et manufactures de France et des pays étrangers ; nouv. édit., par M. l'abbé Jaubert. *Paris, P. F. Didot jeune*, 1773, 3 vol. in-8.

16. Cabinet des singularités d'architecture, peinture, sculpture et gravure, ou Introduction à la connoissance des plus beaux arts, par Florent le Comte. *Paris, Nic. Le Clerc*, 1699, 3 vol. in-12.

17. Dictionnaire iconologique, ou Introduction à la connoissance des peintures, sculptures, estampes, médailles, pierres gravées, emblèmes, devises, etc., avec des descriptions tirées des poëtes anciens et modernes, par M. de Prezel ; nouv. édit., revue et augm. *Paris, Hardouin*, 1779, 2 vol. in-8.

18. Anecdotes des Beaux-arts, contenant tout ce que la peinture, la sculpture, la gravure, etc., offrent de plus curieux et de plus piquant, par M***. *Paris, Bastien*, 1776-80, 3 vol. in-12.

Par Nougaret.

BELLES-LETTRES.

I. — LITTÉRATURE ET POÉSIE.

19. Réflexions critiques sur la poésie et sur la peinture, par M. l'abbé du Bos, 7ᵉ édit. *Paris, Pissot*, 1770, 3 vol. in-12.

20. La manière de bien penser dans les ouvrages d'esprit, dialogues ; nouv. édit. *Paris,
Libraires associés*, 1771, in-12.

21. L'Iliade, traduction nouvelle. *Paris, Bar-
bou*, 1776, 3 vol. in-8, fig.
Trad. par Lebrun.

22. Les Géorgiques de Virgile, traduction
nouvelle en vers françois, avec des notes, par
M. de Lille ; 4ᵉ édit. rev. et corr. *Paris,
Bleuet*, 1770, in-8, fig.

23. Les Métamorphoses d'Ovide, en latin et
françois, de la traduction de M. l'abbé Ba-
nier, avec des explications historiques et des
estampes gravées sur les dessins des meilleurs peintres françois, par les soins des
sieurs Le Mire et Basan. *Paris, Le Clerc*,
1767, 4 vol. in-4, fig.

24. Principes généraux et raisonnés de la
Grammaire françoise, avec des observations
sur l'orthographe, les accents, la ponctua-
tion et la prononciation, et un abrégé des
règles de la versification, par M. Restaut;
11ᵉ édit. corr. et augm. de la vie de l'auteur. *Paris, Lottin le jeune*, 1764, in-12.

25. Grammaire générale et raisonnée, contenant les fondemens de l'art de parler ;
3ᵉ édit. *Paris, Prault père*, 1768, in-12.
Par Lancelot et A. Arnauld ; édit. publiée par Duclos.

26. Synonimes françois, leurs différentes signi-

fications et le choix qu'il en faut faire pour
parler avec justesse, par Girard ; nouv. édit.
augm. et enrichie de notes, par M. Beauzée.
Paris, Houry, 1780, 2 vol. in-12.

27. Dictionnaire portatif de la langue françoise
extrait du grand Dictionnaire de P. Richelet,
contenant tous les mots usités, etc.; nouv.
édit. par M. de Wailly. *Lyon, P. Bruyset,*
1780, 2 vol. in-8.

28. Dictionnaire des proverbes françois et des
façons de parler comiques, burlesques et fa-
milières. etc., avec l'explication et les éthi-
mologies les plus réservées. *Paris, Savoye,*
1749, in-8.

Par Jos. Panckoucke.

29. Dictionnaire de littérature, dans lequel on
traite de tout ce qui a rapport à l'élégance, à
la poésie et aux belles-lettres, et dans lequel
on enseigne la marche et les règles qu'on
doit observer dans tous les ouvrages d'esprit, par M. l'abbé Sabatier de Castres. *Paris, Vincent,* 1770, 3 vol. in-8.

30. Recueil des Oraisons funèbres prononcées
par Fléchier ; nouv. édit. *Paris, Saillant et
Nyon,* 1774, in-12.

31. Poëtique françoise, par M. de Marmontel
Paris, Lesclapart, 1763, 2 vol. in-8.

32. Dictionnaire des rimes, par P. Richelet,
où se trouvent les mots et le genre des mots,

un traité complet de la versification, etc :
nouv. édit rev. et augm. par M. Berthelin.
Paris, libraires associés, 1781, in-8.

33. Anthologie françoise, ou Chansons choisies
depuis le 13e siècle jusqu'à présent. *S. n.,*
1765, 4 vol. in-8, fig.

Publ. par Monet.

34. Élite de poésies fugitives. *Londres.* 1769.
5 vol. in-12.

Publ. par Blin de Sainmore et Lunceau de Boisjermain.

35. Le Trésor du Parnasse, ou le plus joli des
recueils. *Londres,* 1770, 6 vol. in-12.

Publ. par Couret de Villeneuve et Berenger.

36. Almanach des Muses ; 2e édit. *Paris, Delalain,* 1769-82, 18 vol. in-12.

Publ par Sautereau de Marsy.

37. Le Chansonnier françois, ou Recueil de
chansons, ariettes, vaudevilles et autres
couplets choisis, avec les airs notés à la fin
de chaque recueil. *Sans titre,* 16 vol. in-12.

38. Le Petit chansonnier françois, ou Choix
des meilleures chansons, sur des airs connus ; 2e édit. *Genève et Paris, veuve Duchesne,* 1780, 2 vol. in-8.

39. Étrennes lyriques anacréontiques pour l'an
1781. *Paris,* 1781, in-12.

40. Œuvres de Chaulieu, d'après le manuscrit

de l'auteur. *La Haye et Paris*, 1777, 2 vol.
in-12.

41. Œuvres complettes de M. le C. de B*** ;
dern. édit. *Londres*, 1767, in-8.

Par le cardinal de Bernis..

42. Œuvres diverses de M. L. F...; 3ᵉ édit.
Paris, Chaubert, 1753, 2 vol in-12.

Par Le Franc de Pompignan ?

43. Poësies de l'Attaignant, contenant tout ce
qui a paru de cet auteur sous le titre de
Pièces dérobées, avec des augmentations très-
considérables, des annotations sur chaque
pièce, qui en expliquent le sujet et l'occasion,
et des airs notés sur toutes les chansons.
Londres et Paris, Duchesne, 1757, 5 vol.
in-12.

44. La Religion, poëme par M. Racine; 9ᵉ édit.
rev., corr. et augm. *Paris, Desaint*, 1777,
in-12.

45. L'Art d'aimer, et poésies diverses de M Bernard. *S. n. et s. d.*, in-8.

46. Les Jardins, ou l'Art d'embellir les paysa-
ges, poëme par M. l'abbé de Lille; 4ᵉ édit.
Paris, Valade, 1782, in-8.

47. Richardet, poëme. *Liége, Plomteux*, 1776,
in-12.

Trad. de l'ital. de Fortiguerra, par Mancini de Nivernois.

48. Fables choisies, mises en vers par M. de

la Fontaine; nouv. édit. rev. et augm. de notes. *Paris, J. F. Bastien*, 1779, 2 vol. in-12.

49. Contes et nouvelles en vers, par M. de la Fontaine. *Londres*, 1778, 4 vol. in-18, fig.

50. La Jérusalem délivrée, poëme du Tasse ; nouv. trad. *Paris, Musier*, 1774, 2 vol. in-12.

Trad. par Lebrun.

51. Nouvelle traduction de Roland amoureux, de Mathéo Maria Boiardo, comte de Scandiano, par M. Lesage ; nouv. édit. *Paris, Bailly*, 1769, 3 vol. in-12.

52. La Lusiade de Camoens, poëme héroïque sur la découverte des Indes orientales, traduit du portugais par M. Duperron de Castera. *Paris, Babuty*, 1768, 3 vol. in-12.

53. La Lusiade de L. Camoens, poëme héroïque en dix chants; nouv. trad. du portugais avec notes et la vie de l'auteur. *Paris, Nyon l'aîné*, 1776, 2 vol. in-8, fig.

Par d'Hermilly et Laharpe.

54. Idée de la poésie angloise, ou Traduction des meilleurs poëtes anglois, qui n'ont point encore paru dans notre langue, avec un grand nombre d'anecdotes et de notes critiques, par M. l'abbé Yart. *Paris, Briasson*, 1753, 8 vol. in-12.

55. Les Nuits d'Young, traduites de l'anglois, par M. le Tourneur : 3e édit. *Paris, Le Jay,* 1770, 2 vol. in-12, br.

II. — THÉATRE.

A. *Œuvres dramatiques.*

56. Anecdotes dramatiques, contenant toutes les pièces de théâtre, etc., un tableau, accompagné d'anecdotes, des théâtres de toutes les nations. *Paris, veuve Duchesne,* 1775, 3 vol. in-8.

Par l'abbé de La Porte.

57. Œuvres de P. Corneille. *Paris, veuve Gandoin,* 1759, 10 vol. pet. in-12.

58. Œuvres de T. Corneille. *Paris, veuve Gandoin,* 1759, 9 vol. in-12.

59. Théâtre de Quinault, contenant ses tragédies, etc : nouv. édit. augmentée de sa vie. *Paris, veuve Duchesne,* 1778, 5 vol. in-12.

60. Théâtre de MM. Monfleury père et fils : nouv. édit. *Paris, veuve Duchesne,* 1775, 4 vol. in-12.

61. Théâtre de Noël le Breton, sieur de Hauteroche ; nouv. édit. rev. et corr. *Paris, aux dépens de la Compagnie,* 1772, 3 vol. in-12.

62. Œuvres de Molière, avec remarques grammaticales, avertissements et observations.

par M. Bret. *Paris, aux dépens des libraires associés*, 1778, 8 vol. in-12.

63. Les Œuvres de M. de Champmeslé. *Paris, P. J. Ribou*, 1735, 2 vol. in-12.

64. Théâtre de M. Boursault; nouv. édit rev., corr et augm. *Paris, Fr. le Breton*, 1725, 3 vol. in-12.

65. Œuvres de théâtre de MM. Brueys et Palaprat; nouv. édit. rev. et augm. *Paris, Briasson*, 1755, 5 vol. in-12.

66. Œuvres de Jean Racine ; nouv. édit. *Paris, Compagnie des libraires*, 1779, 3 vol. in-12.

67. Le Théâtre de Baron ; augm. *Paris, aux dépens des associés*, 1759, 3 vol. pet. in-12.

68. Théâtre de mademoiselle Barbier. *Paris, Briasson*, 1745, in-12.

69. Œuvres de théâtre de M. Philippe Poisson ; nouv. édit. *Paris, veuve Duchesne*, 1766, 2 vol. in-12.

70. Œuvres de Regnard; nouv. édit. rev. *Paris, libraires associés*, 1778, 4 vol. in-12.

71. Œuvres de Rivière du Fresny ; nouv. édit. corr. et augm. *Paris, Barrois ainé*, 1779, 4 vol. in-12.

72. Les Œuvres de théâtre de M. d'Ancourt, nouv. édit. rev et corr. *Paris, libraires associés*, 1760, 12 vol. pet. in-12.

73. Œuvres de Nivelle de la Chaussée ; nouv. édit. corrig. et aug. *Paris, Le Jay*, 1777, 5 vol. in-12.

74. Théâtre de M. Danchet. *Paris, Grangé*, 1761, 4 vol. in-8.

75. Œuvres de M. la Grange Chancel ; nouv édit. rev. et aug. *Paris, libraires associés*, 1758, 5 vol. in-12.

76. Œuvres de Crébillon ; nouv édit. rev., corr. et augm. de la vie de l'auteur. *Paris, libraires associés*, 1772, 3 vol. in-12.

77. Œuvres de Le Grand, comédien ; nouv. édit. rev. et augm. *Paris, libraires associés*. 1770, 4 vol. in-12.

78. Théâtre de M. de la Thuillerie ; nouv édit. rev. et corr. *Amsterdam, P. Marteau*. 1745, in-12.

79. Œuvres de théâtre de M. Lesage ; nouv. édit. rev. et corr. *Paris, veuve Duchesne*. 1774, 2 vol. in-12.

80. Œuvres dramatiques de M. des Touches, nouv. édit rev., corr. et aug. *Paris, libraires associés*, 1774, 10 vol. in-12.

81. Théâtre complet de M. de Voltaire, le tout rev. et corr. par l'auteur lui-même. *Lausanne, Fr. Grasset et comp.*, 1772, 8 vol. in-8.

82. Œuvres de théâtre de M. de Marivaux :

nouv. édit. *Paris, Duchesne*, 1758, 5 vol. in-12.

83 Les Comédies de M. de Marivaux. *Paris, Briasson*, 1732, in-12, tome Ier.

84. Œuvres de théâtre et autres pièces de M. Pesselier. *Paris, Prault père*, 1742, in-8.

85. Théâtre de M. de la Font ; nouv. édit. rev et corr. *Amsterdam, P. Marteau*, 1746, in-12.

86. Œuvres de M. Autreau. *Paris, Briasson*, 1749, 4 vol. in-12.

87. Œuvres de théâtre d'Avisse, contenant ses comédies représentées. *Paris, Duchesne*, 1758, in-8.

88. Théâtre de M. Fagan et autres œuvres. *Paris, N. B. Duchesne*, 1760, 4 vol in-12.

89. Œuvres de théâtre de M. de Saint-Foix ; nouv. édit., rev., corr. et augm. *Paris, Charpentier*, 1763, 4 vol. in-12.

90. Théâtre et œuvres diverses de M. Pannard. *Paris, Duchesne*, 1763, 4 vol. in-12.

91. Œuvres de théâtre de M. de la Noue *Paris, Duchesne*, 1765, in-12.

92. Théâtre d'un inconnu. *Paris, Duchesne*, 1765, in-12.

Trad. de Goldoni par Sablier.

93. Théâtre de M. Favart, ou Recueil de co-

B 1

médies, parodies et opéra-comiques qu'il a donnés jusqu'à ce jour, avec les airs, rondes et vaudevilles notés dans chaque pièce. *Paris, Duchesne*, 1763, 10 vol. in-8.

94. Théâtre de M. Anseaume, ou Recueil de comédies, parodies et opéra comiques avec les airs, rondes, vaudevilles notés. *Paris, veuve Duchesne*, 1766, 3 vol. in-8.

95. Œuvres de théâtre de M. de Merville. *Paris, veuve Duchesne*, 1766, 3 vol. in-12.

96. Œuvres de théâtre de Boissy ; nouv. édit. corr. et aug. *Paris, veuve Duchesne*, 1766. 9 vol. in-8.

97. Œuvres de théâtre de l'Affichard ; nouv. édit. rev., corr. et augm. *Paris, veuve Duchesne*, 1768, in-12.

98. Œuvres de théâtre de M. de Moissy. *Paris, veuve Duchesne*, 1768, in-12.

99. Œuvres de Romagnesi ; nouv. édit. augm. de la vie de l'auteur. *Paris, veuve Duchesne*, 1772, 2 vol. in-8.

100. Œuvres de théâtre de M. Diderot, avec un discours sur la poésie dramatique. *Paris, veuve Duchesne*, 1771, 2 vol. in-12.

101. Théâtre de M. de la Place. *Paris, veuve Duchesne*, 1772, in-8.

102. Œuvres de théâtre de M. Saurin. *Paris, veuve Duchesne*, 1772, in-8.

103. Œuvres d'Arnaud : Théâtre. *Paris, Le Jay et Delalain,* 1770-73, 3 vol. in-8, fig.

104. Théâtre de M. Poinsinet de Sivry, contenant la tragédie de Briséis, 3ᵉ édit.; la tragédie d'Ajax et la comédie d'Aglaé, 2ᵉ édit., et trois comédies nouvelles. *Londres et Paris, Lacombe,* 1773, in-8.

105. Œuvres de M. Rochon de Chabannes. nouv. édit. rev. et corr., *Paris, veuve Duchesne,* 1776, in-8.

B. Répertoires et recueils.

106. Théâtre français, ou Recueil de toutes les pièces françaises restées au théâtre, avec les vies des auteurs, des anecdotes sur celles des plus célèbres acteurs et actrices, et quelques dissertations historiques sur le théâtre. *Genève, P. Pellet,* 1767-69, 14 vol. in-8.

107. Le Théâtre italien de Gherardi, ou le Recueil général de toutes les comédies, etc.; édition nouvelle. *Sainte-Menehould et Paris, P. Wille,* 1738, 6 vol. in-12, fig.

108. Le Nouveau Théâtre italien, ou Recueil général des comédies etc.; nouv. édit. rev. et augm. *Paris, Briasson,* 1753, 10 vol. in-12.

109. Les Parodies du Nouveau Théâtre italien, ou Recueil des parodies, etc., avec les airs

B 2

gravés ; nouv. édit rev. et augm. *Paris, Briusson*, 1738, 4 vol. in-12.

110. Le Théâtre de la foire, ou l'Opéra-Comique, contenant les meilleures pièces recueillies, revues, etc., par Lesage et d'Orneval. *Paris, P. Gandoin*, 1737, 10 vol. in-12, fig.

111. Théâtre des boulevards, ou Recueil des parades. *Mahon, Gilles*, 1756, 3 vol. in-12.

Publié par Corbie.

112. Théâtre bourgeois, ou Recueil des meilleures pièces de différents auteurs, qui ont été représentées sur des théâtres bourgeois. *Paris, Duchesne*, 1755, in-12.

113. * Théâtre de société; nouv. édit. rev. corr. et augm. *La Haye et Paris, P. F. Gueffier*, 1777, 3 vol in-12.

Par Collé.

114. Proverbes dramatiques. *Paris, Le Jay*, 1773-81, 8 vol. in 8.

Par Carmontelle.

115. Théâtre de campagne, ou Recueil de parades propres au délassement de l'esprit. *Nugopolis et Paris, veuve Duchesne*, 1767, in-8.

Par Grandval père.

116. * Théâtre de campagne, par l'auteur des

Proverbes dramatiques. *Paris, Ruault,* 1775. 4 vol. in-8.

Par Carmontelle.

117. Théâtre pour servir à l'éducation. *Paris, Lambert,* 1780, 4 vol. in-12.

Par la comtesse de Genlis

118. Théâtre à l'usage des jeunes personnes. *Paris, Mich. Lambert,* 1785, in-8, tome Ier. broché.

Par la comtesse de Genlis.

119. Le Théâtre anglois. *Londres,* 1746, 8 vol. in-12.

Trad. par de La Place.

C. Tragédies et drames.

120. Sophonisbe, tragédie de M. Mairet, réparée à neuf. *Paris, veuve Duchesne,* 1770. in-8.

Refaite par Voltaire.

121. Alcionée, tragédie de P. du Ryer. *Sans titre,* in-12.

122. Venceslas, tragédie en cinq actes, par M. Rotrou. *Paris, veuve Duchesne,* 1774, in-12.

123. Antiochus, tragédie. *Sans titre,* in-12.

Par Thomas Corneille.

124. Argellie, reyne de Thessalie, tragédie, par Abeille. *Sans titre,* in-12.

125. Adherbal, roi de Numidie, tragédie. *Paris, veuve Bouillerot*, 1694, in-12.

Par Lagrange Chancel.

126. Germanicus, tragédie. *Paris, J. Guignard*, 1694, in-12.

Par Boursault.

127. Gabinie, tragédie chrétienne. *Paris, J Ribou*, 1699, in-12.

Par Brueys.

128. Scipion l'Africain, tragédie. *Paris, J. Ribou*, 1737, in-12.

Par Pradon.

129. Cyrus, tragédie, par M. Danchet. *Paris, P. Ribou*, 1706, in-12.

130. Absalon, tragédie tirée de l'Écriture sainte, par M. Duché *Paris, P. Ribou*, 1712, in-12.

131. Jonathas, tragédie tirée de l'Écriture sainte, par M. Duché; nouv. édit. *Sans titre*, in-12.

132. Arrie et Petus, tragédie, par mademoiselle Barbier. *Paris, Ribou*, 1713, in-12.

133. Bazile et Quitterie, tragi-comédie, par M. Gautier. *Paris, Noël Pissot*, 1723, in-8.

134. Xercès, tragédie. *Sans titre*, in-12.

Par Crebillon ?

135. Zaïde et Téléphonte, tragédie, par M. de La Chapelle. *Sans litre*, in-12.

136. Electre, tragédie. *Sans titre*, in-12.

Par Crébillon?

137. Geta, tragédie, par Pechantré. *Sans titre*, in-12.

138. Méléagre, tragédie. *Sans litre*, in-12.

Par Lagrange Chancel?

139. Ino et Mélicerte, tragédie. *Sans litre*, in-12.

Par Lagrange Chancel.

140. Amasis, tragédie, par M. de la Grange. *Paris, P. Ribou*, 1729, in-12.

141. Athénaïs, tragédie, par M de la Grange. *Paris, veuve P. Ribou*, 1729, in-12.

142. Cassius et Victorinus, martyrs, tragédie chrétienne tirée de Grégoire de Tours, par M. de la Grange Chancel. *Paris, veuve P. Ribou*, 1733, in-8.

143. Brutus, tragédie de M. de Voltaire; nouv. édit. rev. et corr. par l'auteur. *Paris, Prault*, 1736, in-8.

144. La Mort de César, tragédie de Voltaire; rev., corr. et augmentée par l'auteur, avec un avertissement et une lettre à ce sujet. *Londres et Paris, Bauche*, 1736, in-8.

145. Childéric, tragédie représentée en 1736,

par M. de Morand. *Paris, Prault,* 1737, in-8.

146. Aben-Saïd, empereur des Mogols, tragédie, par Le Blanc, 2e édit. *Paris, Prault fils,* 1743, in-8, fig.

147. Antoine et Cléopâtre, tragédie, par Boistel. *Paris, Prault père,* 1743, in 8.

148. Oreste, tragédie. *Paris, P. G. le Mercier,* 1750, in-12.

Par Voltaire.

149. Varon, tragédie, par M. le vicomte de G***, représentée en 1751. *Paris, Duchesne,* 1752, in-12.

Par le vicomte de Grave.

150. Paris, tragédie, par M. Mailhol, représentée en 1754. *Paris, Seb. Jorry,* 1754, in-12.

151. Les Troyennes, tragédie, par M. de Châteaubrun, représentée en 1754. *Paris, Cailleau,* 1769, in-12.

152. Philoctète, tragédie, par M. de Châteaubrun. *Paris, Brunet,* 1756, in-12.

153. Fernand Cortès, tragélie, par M. Piron *Paris, Duchesne,* 1757, in-12.

154. Hypermnestre, tragédie, par M. Le Mierre, représentée en 1758. *Paris, Duchesne,* 1759, in-12.

155. Zulica. tragédie représentée en 1760. *Paris, N. B. Duchesne*, 1760, in-12.

Par Dorat.

156. Idoménée, tragédie, par M. Le Mierre. *Paris, Duchesne*, 1764, in-12.

157. Timoléon, tragédie en cinq actes et en vers, par M. de la Harpe. *Paris, Duchesne*. 1764, in-8.

158. Cromwel, tragédie en vers. *Londres, libraires associés*, 1764, in-12.

Par le P. Marion, jésuite.

159. Cosroès, tragédie en cinq actes et en vers, par M. Le Fevre. *Paris, veuve Duchesne*, 1767, in-8.

160. Hirza, tragédie, par M. de Sauvigny. représentée en 1767. *Paris, veuve Duchesne*, 1767, in-8.

161. La Mort de Socrate, tragédie en trois actes et en vers, par M. de Sauvigny ; nouv. édit. *Paris, Duchesne*, 1763, in-8.

162. Zelmire, tragédie, par M. de Belloy, citoyen de Calais; nouv. édit. *Paris, veuve Duchesne*, 1770, in-8.

163. Gabrielle de Vergy, tragédie, par M. de Belloy, citoyen de Calais. *Paris, veuve Duchesne*, 1770, in-8.

164. Les Arsacides, tragédie par M. Peyrard

de Beaussol. *Paris, veuve Duchesne,* 1771, in-8.

165. Le Vindicatif, drame en cinq actes et en vers libres. *Paris, Delalain,* 1774, in-8.

Par Dudoyer.

166. Pierre le Cruel, tragédie, par M. de Belloy. *Paris, Sorin,* 1777, in-8.

167. Zuma, tragédie, par M. Le Fevre, jouée en 1776. *Paris, veuve Duchesne,* 1777, in-8.

168. Artaxerce, tragédie, par M. Le Mierre; nouv. édit. *Paris, veuve Duchesne,* 1778, in-8.

169. Mustapha et Zeangir, tragédie, par M. de Chamfort. *Paris, veuve Duchesne,* 1778, in-8.

170. L'École des mœurs, ou les Suites du libertinage, drame en cinq actes et en vers, par M. Falbaire de Quingey. *Paris, Didot l'ainé,* 1778, in-8.

171. Médée, tragédie en trois actes, par M. Clément; nouv. édit. *Paris, Moutard,* 1779, in-8.

172. La Veuve du Malabar, ou l'Empire des coutumes, tragédie par M. Le Mierre, représentée en 1780. *Paris, veuve Duchesne,* 1780, in-8.

173. Le Fabricant de Londres, drame en cinq

actes et en prose, par M. de Falbaire. *Paris.*
Delalain, 1771, in-8.

D. *Comédies en vers.*

174. L'École des maris, comédie. *Sans titre,*
in-12.
Par Molière.

175. Le Nouveau marié, avec un nouveau in-
termède. *Sans titre,* in-12.
Par Montfleury.

176. Le Bon soldat, comédie en vers, par
M. Montfleury. *Paris, Christ. David,* 1718,
in 12.

177. Le Florentin, comédie en vers, par M. de
la Fontaine, représentée en 1683. *Sans titre,*
in-12.

178. Le Mort vivant, comédie. *Sans titre,*
in-12.
Par Boursault.

179. L'Homme à bonnes fortunes, comédie.
Paris, P. Ribou, s. d, in-12.
Par Baron.

180. Le Jaloux désabusé, comédie en vers,
par M. Campistron, représentée en 1709.
Sans titre, in-12.

181. Momus fabuliste, ou les Noces de Vul-
cain, comédie, par M. Fuzelier. *Sans titre,*
in-12.

182. Le Procès des sens, comédie représentée en 1732. *Paris, Prault*, 1732, in-12.

Par Fuzelier.

183. Le Nouveau monde, comédie, par M ***. *Sans titre*, in-12.

Par l'abbé Pellegrin.

184. Le Divorce de l'amour et de la raison, comédie, suite du Nouveau monde, par M ***. *Sans titre*, in-12.

Par l'abbé Pellegrin.

185. Les Mécontens, comédie en vers et en un acte, précédée d'un prologue et suivie d'un divertissement. *Paris, Le Breton*, 1735, in-12.

Par La Bruère.

186. Le Philosophe marié, ou le Mari honteux de l'être, comédie en vers et en cinq actes, par M. Nericault des Touches. *Paris, aux dépens de la Compagnie*, 1742, in-8, br. (6 exemplaires).

187. La Rivale suivante, comédie en un acte en vers, précédée d'un prologue, par J. B. Rousseau *Paris, Prault fils*, 1747, in-8.

188. Le Quartier d'hyver, comédie en un acte et en vers. *Paris, veuve Pissot*, 1745, in-12.

Par Bret, Daucourt et Villaret.

189. Aphos, comédie en un acte et en vers. *Paris, Prault fils,* 1748, in-8.

Par Baragué.

190. L'Impertinent, comédie en vers, par M. Des Mahis, représentée en 1750. *Paris, Prault,* 1751, in-8.

191. Les Adieux du Goût, comédie en vers représentée en 1754. *Paris, veuve Duchesne,* 1754, in-12.

Par Patu et Portelance.

192. La Folie et l'Amour, comédie en vers représentée en 1754. *Paris, Duchesne,* 1755, in-12.

Par Yon.

193. La Coquette corrigée, comédie en vers, par M. de La Noue, représentée en 1756. *Paris, veuve Duchesne,* 1776, in-12.

194. L'Isle déserte, comédie en un acte et en vers, par M. C***. *Paris, N. B. Duchesne,* 1758, in-8.

Par Collet.

195. Le Bienfait rendu, ou le Négociant, comédie en vers, représentée en 1763; nouv. édit. *Paris, Duchesne,* 1763, in-8.

Par Dampierre.

196. L'Amateur, comédie en vers et en un acte, par Barthe. *Paris, Duchesne,* 1764, in-8.

C 1

197. Les Étrennes de l'Amour, comédie-ballet en un acte : les paroles sont de M. Cailhava, la musique de M. Boyer. *Paris, Le Jay,* 1769, in-12.

198. La Mère jalouse, comédie en vers, par Barthe, représentée en 1771. *Paris, veuve Duchesne,* 1772, in-8.

199. * La Centenaire de Molière, comédie en un acte, en vers et en prose, suivie d'un divertissement relatif à l'apothéose de Molière, par Artaud. *Paris, veuve Duchesne,* 1773, in-8.

200. L'Égoïsme. comédie en cinq actes et en vers, par M. de Cailhava. *Paris, veuve Duchesne,* 1777, in-8.

201. L'Amant bourru, comédie en trois actes et en vers libres, par M. de Monvel. *Paris, veuve Duchesne,* 1777, in-8.

202. L'Amour françois, comédie en un acte et en vers, par M. Rochon de Chabannes. *Paris, veuve Duchesne,* 1779, in-8.

203. Les Muses rivales, pièce en vers libres, représentée en 1779, par M. de La Harpe. *Paris, Pissot,* 1779, in-8.

204. Laurette, comédie tirée des Contes de Marmontel, par M. d'Oisemont. représentée en 1779. *Paris, Vente,* 1780, in-8.

E. *Comédies en prose.*

205. Le Port de mer, comédie en prose, représentée en 1704. *Sans titre*, in-12.

Par Boindin.

206. Turcaret, comédie représentée en 1709.
Sans titre, in-12.

Par Lesage.

207. La Déroute de Pharaon, comédie. *Sans
titre*, in-12.

Par Dancourt.

208. L'Épreuve réciproque, comédie d'Alain,
représentée en 1711. *Sans titre*, in-12.

209. L'École des bourgeois, comédie en trois
actes, par M. d'Allainval; nouvelle édit.
Amsterdam et Paris, veuve Duchesne, 1774,
in-8.

210. Le Fat puni, comédie avec un divertissement. *Paris, Prault fils*, 1738, in-8.

Par de Pont de Vesle.

211. Les Engagements indiscrets, comédie en
un acte et en prose, par M. de Vaux. *Paris,
Duchesne*, 1753, in-12.

212. La Gageure de village, comédie en prose,
représentée en 1756. *Paris, Duchesne*, 1756,
in-12.

Par de Scillans.

213. L'Étourderie, comédie en un acte et en prose, par Fagan. *Paris, Duchesne,* 1761, in-12.

214. Les Originaux, comédie en prose, par M. Fagan, représentée en 1737. *Paris, Duchesne,* 1763, in-12.

215. La Veuve, comédie en un acte et en prose, composée en 1756. *Paris, Duchesne,* 1763, in-8.

Par Collé.

216. L'Écossaise, ou le Café, comédie représentée en 1760. *Sans titre,* in-12.

Par Voltaire.

217. Le Caprice, ou l'Épreuve dangereuse, comédie en prose, représentée en 1762. *Paris, Rozet,* 1762, in-12.

Par Renout.

218. Le Somnambule, comédie ; nouv. édit. *Paris, veuve Duchesne,* 1768, in-8.

Par de Pont de Vesle.

219. Julie, ou le Bon père, comédie en prose, représentée en 1769, par M. D. N. *Paris, Delalain,* 1769, in-12.

Par Vivant Denon.

220. L'Heureuse rencontre, comédie en un acte et en prose, par mesdames R*** et ***. *Paris, veuve Duchesne,* 1771, in-8.

Par mesdemoiselles Roset et Chaumont.

221. Le Bourru bienfaisant, comédie en trois actes et en prose, par M. Goldoni. *Paris, veuve Duchesne*, 1771, in-8.

222. Les Amans généreux, comédie en cinq actes et en prose, imitée de l'allemand, par M. Rochon de Chabannes. *Paris, veuve Duchesne*, 1774, in-8.

223. La Manie des arts, ou la Matinée à la mode, comédie en prose, par M. Rochon de Chabannes. *Paris, veuve Duchesne*, 1774, in-12.

224. L'Aveugle par crédulité, comédie en un acte et en prose. *Paris, veuve Duchesne*, 1778, in-8.

Par Nic. Fournel.

225. Le Tuteur dupé, comédie en prose, sujet tiré de Plaute, par M. de Cailhava, représentée en 1765; nouv. édit. *Paris, veuve Duchesne*, 1778, in-8.

226. Les Déguisemens, comédie en prose en un acte. *Paris, Cailleau*, 1785, in-8, br.

227. La Triste journée, ou le Lendemain des noces, comédie en un acte et en prose, par l'auteur de Fanfan et Colas. *Paris, Cailleau*, 1785, in-8, br.

Par madame de Beaunoir.

F. *Pastorales et pièces lyriques*

228. Les Amours de Bastien et Bastienne, parodie du Devin de village, par madame Favart et M. Harny. *Paris, veuve Delormel.* 1756; in-8, br.

229. La Chercheuse d'esprit, opéra-comique de M. Favart; nouv. édit. *Paris, veuve Allouet,* 1764, in-8, br. (5 exempl.)

230. L'Amour à Tempé, pastorale érotique en deux actes et en prose. *Sans titre,* in-12.
Par de Chaumont.

231. Hilas et Silvie, pastorale avec divertissement, par M. Rochon de Chabannes, représentée en 1769. *Paris, veuve Duchesne,* 1769, in-12.

232. Pygmalion, scène lyrique, par M. Rousseau, de Genève. *Paris, veuve Duchesne,* 1775, in-8.

III. — ROMANS.

A. *Mythologie.*

233. Dictionnaire poétique portatif, qui contient l'histoire des dieux et des héros de l'antiquité payenne, par M. B***. *Paris, Nyon* 1759, in-8.
Par Bilhard.

234. Dictionnaire portatif de mythologie pour l'intelligence des poëtes, de l'histoire fabuleuse, des monuments historiques, des bas-reliefs, des tableaux, etc. *Paris, Briasson.* 1765, 2 vol. in-8.

Par l'abbé de Claustre et Richer.

235. Dictionnaire abrégé de la Fable, pour l'intelligence des poëtes, des tableaux et des statues dont les sujets sont tirés de l'histoire poétique, par M. Chompré ; 2ᵉ édit. *Paris, Desaint et Nyon,* 1778, in-12.

B. Romans sous des noms empruntés à l'histoire ancienne.

236. Amours de Théagènes et Chariclée, histoire éthiopique. *Paris, Coutelier,* 1757, in-12.

Trad. du grec d'Héliodore par l'abbé de Fontenu.

237. Les Amours d'Ismène et d'Isménias. *La Haye.* 1743, in-12, fig.

Par de Beauchamps.

238. Les Aventures de Télémaque, fils d'Ulysse, par Fr. Salignac de la Motte Fénélon. *Paris, veuve Barrois,* 1775, 2 vol. in-12, fig.

« *Télémaque* a été traduit dans toutes les langues, mais, entre autres, il y en a deux traductions en polonais : la première, en vers, imprimée à Sandomir en 1726 ; elle est due au prince Adam Jean Jablonowski, palatin de Russie, père de madame la princesse de Talmont ; la deuxième, en prose, de Michel Trotz, connu par un dictionnaire français polonais et allemand. » D. P.

239. Les Amours de Carite et Polydore, roman traduit du grec. *Paris*, 1760, in-8.

Par l'abbé Barthélemy.

240. Anecdotes politiques et galantes de Samos et de Lacédémone. *La Haye, J. Neaulme*, 1744, in-12.

« L'auteur de ce livre est M. Menin (de Paris), conseiller honoraire au parlement de Metz. Il a fait un Traité historique du sacre des rois, une Jurisprudence des eaux et forêts, et deux autres petits romans, *Turlublu* et *Cléodamis* » D. P.

241. Histoire secrette des femmes galantes de l'antiquité. *Amsterdam, Zacharie Chatelain*, 1745, 6 vol. in-12.

Par P. N. Dubois.

« L'auteur de ces histoires romanesques a employé les noms les plus célèbres de l'antiquité, même ceux des divinités du paganisme, pour servir de base à son sujet, dont il a retranché tout le merveilleux auquel il a substitué des intrigues galantes. Les trois derniers volumes sont précédés d'un avertissement qui rend compte des motifs qui ont empêché l'auteur de distinguer par des notes les vérités historiques des ornements de galanterie. » D. P.

242. Les Amours de Laïs, histoire grecque, par M. de S. *Corinthe et Paris, Cuissart*, 1765, in-12.

« Chercher l'auteur de ce petit roman, qui est joli, voluptueux, bien écrit, et dont les caractères sont bien faits. Il désigne son nom par les lettres P. A. Sous des noms grecs, il peint des mœurs tout à fait françaises et ce qui se passe tous les jours entre nos jeunes gens et nos plus célèbres courtisanes. L'auteur signe l'épître dédicatoire : Votre servante, de P. » D. P.

« Cette histoire est de M. Le Goux de Gerland, homme de

condition, de Dijon et de l'Académie de cette ville, vieux voluptueux, mort en 1773 à Dijon. » D. P.

**243. Histoire de Tullie, fille de Cicéron, par
une dame. *Paris, P. Prault,* 1726, in-12.**

Par la marquise de Lassay.

« Cette histoire romanesque est un modèle de sagesse et
de vertu dans Tullie, qui, devenue femme de Pison, surmonte
la passion qu'elle avait conservée dans son cœur pour Lentulus
et refuse constamment de l'épouser après la mort de son
mari. Cet ouvrage, rempli de sentiment, n'est pas mal écrit,
mais il ne l'est cependant pas assez bien pour faire honneur
à la dame à laquelle il est attribué, dont la maison passait
pour le centre de la littérature et du bon goût. » D. P.

**244. Les Amours de Tibulle. par M. de La
Chapelle ; 2ᵉ édit. *Paris, Florent Delaulne,*
1719, 3 vol. in-12.**

« Cet ouvrage est très connu, ainsi que son auteur. La prose
en est meilleure que la poésie. La première édition est de
1712 : il y en a eu depuis cinq ou six autres. » D. P.

**245. Les Amours de Catulle, par M. de La
Chapelle. *Paris, veuve Florent Delaulne,*
1725, 2 vol. in-12.**

« On trouve dans le *Carpenteriana* que c'est M. Charpentier qui a fait la préface de la première édition des *Amours
de Catulle,* avec des remarques sur sa vie. » D. P.

**246. Anecdotes galantes et tragiques de la
cour de Néron. *Paris, P. Michel Huart,*
1735, in-12.**

« L'abbé Desfontaines n'a point reconnu ce roman pour
être de lui ; au contraire, dans ses *Observations,* il l'attribue
à M. d'Auvigny, son élève. Il en dit beaucoup de bien. Ce
livre est très bien écrit, mais les tableaux en font horreur :

c'est l'effet du fond du sujet que l'auteur a choisi et auquel les circonstances romanesques qu'il y a introduites ont encore ajouté. » D. P.

247. Bélisaire, par M. Marmontel. *Paris, Merlin*, 1764, in-8, fig.

« L'auteur est assez connu, et cet ouvrage a fait assez de bruit. On trouve, à la fin, des fragments de philosophie morale du même auteur. L'impératrice de Russie, sur la réputation de Marmontel, a fait traduire en russe son *Bélisaire*, par un évêque de son rite. Mais cet évêque, s'étant aperçu que le 15ᵉ chapitre n'était selon les principes d'aucune religion chrétienne, a jugé à propos de le supprimer, et il a été imprimé ainsi en russe et débité dans le pays. » D. P.

248. L'Amitié scythe, ou Histoire secrette de la conjuration de Thèbes. *Paris, Vente,* 1767, in-12.

249. Le Danger des passions, ou Anecdotes syriennes et égyptiennes, traduction nouvelle par l'auteur de l'École de l'amitié. *S. n.,* 1757, 2 vol. in-12.

« Ce roman est de M. le marquis de Thibouville. Il est passablement écrit, mais d'ailleurs sans délicatesse et sans décence. Les événements ressemblent à beaucoup d'autres : parmi les caractères, il y en a un horrible, celui de Se'ene, et un d'une faiblesse ridicule, c'est celui du roi Antiochus. » D. P.

C. *Romans de chevalerie.*

250. Traduction libre d'Amadis de Gaule, par M. le comte de Tress...; nouv. édit. *Amsterdam et Paris, Pissot,* 1780, 2 vol. in-12.

251. Histoire du vaillant chevalier Tiran le

Blanc, traduit de l'espagnol. *Londres, aux dépens de la Compagnie*, 1775, 3 vol. in-12.

« M. le comte de Caylus, mort en 1765, n'a pris que le fond de l'original espagnol ; du reste, il a ajusté cette histoire à sa façon pour la rendre plus plaisante et plus amusante, et il y a très bien réussi. La première édition est de Paris, 1740, 2 vol. in-8. » D. P.

252. Histoire du chevalier du Soleil, de son frère Rosiclaire et de leurs descendants, traduction libre et abrégée de l'espagnol, avec la conclusion tirée du Roman des romans du sieur de Verdier. *Amsterdam et Paris, Pissot*, 1780, 2 vol. in-12.

« Cette histoire est un extrait dans le goût de celui que mademoiselle de Lubert a fait des Amadis. L'auteur s'appelle M. Torcher de Boismêlé, avocat au parlement de Paris. Il n'a pas extrait tout l'ancien roman du *Chevalier du Soleil*, traduit par Fr. de Rosset, en 8 volumes, mais tout au plus la moitié. La première édition de cette histoire est de 1749, *Londres*. » D. P.

253. Fabliaux, ou Contes des 12e et 13e siècles, traduits ou extraits, d'après divers manuscrits du temps, avec des notes historiques. *Paris, E. Onfroy*, 1779, 4 vol. in-8.

Par Legrand d'Aussy.

254. Histoire de Mélusine, tirée des Chroniques du Poitou, et qui sert d'origine à l'ancienne maison de Lusignan. *Paris, C. Barbin*, 1698, 2 vol. in-12.

Par Nodot.

« Cette histoire, à laquelle fait suite l'*Histoire de Geoffroy surnommé à la grand'dent*, publiée par le même auteur, renferme l'histoire fabuleuse de Mélusine et de ses enfants, tirée du livre que Jean d'Arras a écrit en 1387, par l'ordre du duc de Berry, après que ce prince eut repris sur les Anglais la forteresse de Lusignan, bâtie par Mélusine dans le XIᵉ siècle. Les aventures amoureuses que Nodot a insérées dans l'une et dans l'autre y sont assez déplacées, ainsi qu'une digression sur les principes de la Cabale, sous le titre d'histoire de Zocà. » P. D.

255. Histoire de très noble et chevaleresque prince Gérard, comte de Nevers, et de la très vertueuse et sage princesse Euriant de Savoye, sa mye, avec des notes critiques et historiques. *Paris, Sébastien Ravenel, s. d.,* in-8.

« C'est M. Gueullette, mort en 1766, qui est auteur de cette nouvelle édition, faite exactement et sans aucun changement, en 1727, sur celle imprimée en gothique en 1520. L'ouvrage en soi est un pur roman, dont il ne paraît pas même, si l'on s'en rapporte aux généalogies des maisons de Nevers et de Savoie, que le héros et l'héroïne aient existé, quoique l'auteur, dans son épître dédicatoire à Charles de Clèves, semble assurer le contraire, et que le roman suppose qu'ils ont vécu sous le règne de Louis le Gros. Son principal mérite est d'être écrit avec la plus grande naïveté, les aventures en étant d'ailleurs assez touchantes et intéressantes. » D. P.

D. Romans sous des noms empruntés à l'histoire de France.

256. Les Galanteries des rois de France. *Cologne, P. Marteau, s. d.*, 3 vol. in-12.

« Ce livre, qui a été publié sous le nom de Vanel, n'est qu'un réchauffé ou une nouvelle édition augmentée du recueil romanesque de Sauval, publié sous le titre de *Intrigues galantes de la cour.* » D. P.

257. Histoire secrette de Bourgogne. *Paris, Damien Beugnié*, 1710, 2 vol. in-12.

« Suivant l'abbé Lenglet, la première édition de ce roman est de 1694. Il y en a eu une dernière de 1729. C'est un des romans des plus agréablement écrits et des plus intéressants, et le chef-d'œuvre de mademoiselle de La Force ; mais l'histoire y est furieusement altérée. On y suppose la princesse Marie de Bourgogne amoureuse du comte d'Angoulême, et l'on fait mourir cette princesse de chagrin par suite de l'infidélité du comte ! » D. P.

258. Edele de Ponthieu, nouvelle historique, par ***. *Paris, Noel Pissot*, 1723, in-12.

« L'auteur est M. le commandeur de Vignacour de la Vieuville. Nous avons d'autres pièces du même. Il vit encore (1769), âgé de soixante-quinze ans, et il est le doyen de la Langue de France. » D. P.

259. Le Siége de Calais, nouvelle historique ; 3ᵉ édit. *La Haye, J. Neaulme*, 1739, in-12.

« On sait que ce roman est de madame de Tencin, chanoinesse, sœur du cardinal, morte en 1744, âgée de soixante-huit ans. Son neveu, M. de Pont de Vesle, l'a aidée dans cette composition. C'est un de nos meilleurs romans. » D. P.

260. Les Mémoires secrets de la cour de Charles sept, roi de France, par Mᵐᵉ de ***. *Paris, P. Ribou*, 1700, 2 vol. in-12.

« Ce livre est dédié à S. A. R. Monseigneur le duc de Chartres, qui fut depuis régent du royaume. L'auteur s'appelait Catherine Bedacier, veuve d'un nommé Durand : elle a composé plusieurs autres romans et est morte en 1736, fort vieille. Cette histoire romanesque est assez bien écrite, et les événements vrais ou imaginaires y sont racontés d'une manière intéressante et agréable. Charles VII, amoureux d'une madame de Joyeuse, fille du président Louvet, a pour rival la Tre-

moille, à qui ce prince l'abandonne lorsqu'il devient amoureux
d'Agnès Sorel. » D. P.

261. Le Sire d'Aubigny, nouvelle historique. *Paris, Barth. Guérin*, 1698, in-12.

Par Lesconvel.

« Robert Stuart, comte de Peaumont-le-Roger, sire d'Aubigny, dit le maréchal d'Aubigny, n'est pas plus le héros
de ce roman que plusieurs autres seigneurs des cours de
Charles VIII et de Louis XII, dont les aventures galantes y
sont racontées sans beaucoup d'élégance ni d'agrément du
côté du style. » D. P.

262. Anecdotes secrètes des règnes de Charles VIII et Louis XII, avec des notes historiques. *La Haye, Fr. Neaulme*, 1741, in-12.

« C'est absolument le même ouvrage que celui de Lesconvel, intitulé *le Sire d'Aubigny*, donné en 1698, mais rendu
meilleur, par les soins de l'éditeur, au moyen de quelques
légers changements qu'il a faits dans la diction et qui en ren-
dent le style plus coulant et mieux coupé. Il a aussi ajouté au
commencement une petite introduction de deux pages, et à la
fin une conclusion qui n'est pas plus longue, mais qui conduit
l'ouvrage jusqu'à la mort de Louis XII. Les notes sont peu
considérables, mais exactes. » D. P.

263. Histoire secrète du connétable de Bourbon ; 2ᵉ édit. *Paris, Nic. Gosselin*, 1700, in-12.

« La première édition est de 1696. L'auteur, M. Baudot
de Juilly, qui est mort en 1759, âgé de plus de quatre-vingts
ans, a fait divers autres ouvrages historiques et romanesques.
Celui-ci est médiocrement écrit et n'a pas la légèreté et les
agréments de style qui font l'un des principaux mérites de cette
espèce d'ouvrage. » D. P.

264. Annales galantes de la cour de Henri

second, par mademoiselle de Lussan. *Amster-dam, Jacq. Desbordes*, 1749, 2 vol. in-12.

« Tout roule ici sur l'amour du comte de Dreux pour une de ses sœurs, traversé par Diane de Poitiers, qui aime le comte. » D. P.

265. Le Duc de Guise, surnommé le Balafré. *Paris, Claude Barbin*, 1694, in-12.

« L'auteur se nommait de Brie. Il suppose que le duc de Guise était amoureux de Marguerite de Valois, première femme de Henri IV. La première édition est de *la Haye*, 1693. » D. P.

266 La Princesse de Montpensier. *Amsterdam*, 1723, pet. in-12.

Par madame la comtesse de la Fayette et Jean Renaud de Segrais.

« La première édition est de 1660. Ce petit roman, qui est parfaitement bien écrit, n'est fondé en rien sur la vérité de l'histoire, dont il n'a fait qu'emprunter les noms. La lecture en est amusante, mais il finit tristement par l'infidélité du duc de Guise avec la marquise de Noirmoutier et la mort de la princesse de Montpensier. Il est aisé d'y reconnaître le goût, le style et les sentiments des auteurs de la *Princesse de Clèves*. » D. P.

267. Le Prince de Condé, par M. Boursault. *Paris, Nyon fils*, 1739, in-12.

« Ce prince de Condé, chef des huguenots, et qui fut soupçonné d'avoir eu part à la conspiration d'Amboise, est ici représenté sous le personnage d'un homme galant autant que sous celui d'un grand capitaine. Ses amours avec la maréchale de Saint-André, qui lui donna la terre de Saint-Velery qui est restée dans sa maison, forment la plus grande partie du roman. Le style en est léger et quelquefois un peu libre, mais n'est pas toujours du meilleur ton. » D. P.

268. Anecdotes du seizième siècle, ou Intri-

gues de cour politiques ou galantes, avec les portraits de Charles neuf, Henri trois et Henri quatre. *Amsterdam, aux dépens de la Compagnie*, 1741, in-12.

« C'est le même ouvrage exactement que celui de mademoiselle de la Force, qui a paru en premier lieu sous le titre d'*Histoire secrette de Catherine de Bourbon, duchesse de Bar, et du comte de Soissons*, et en second lieu sous celui de *Mémoire historique, ou anecdote galante et secrette de la duchesse de Bar, sœur de Henri IV, avec les intrigues de la cour;* n'y ayant d'autre différence avec ces deux ouvrages que quelques mots ajoutés ou retranchés pour rendre le langage plus clair et plus coulant. » D. P.

269. Histoire de madame de Luz, anecdote du règne de Henry quatre. *La Haye, P. Dehondt*, 1780, in-12.

Par Duclos.

270. Mémoires du comte de Grammont, par le comte Ant. Hamilton. *Londres*, 1776, in-12.

271. Les Mémoires de la vie du comte D*** avant sa retraite, contenant diverses aventures qui peuvent servir d'instruction à ceux qui ont à vivre dans le grand monde, rédigés par M. de Saint-Evremont. *S. n.*, 1740, 2 vol. in-12.

272. Histoire de madame de Bagneux. *Paris. G. de Luynes*, 1696, in-12.

Par Gatien de Sandras des Courtilz?

273. Histoire du maréchal de la Feuillade.

nouvelle galante et historique. *S. n.*, 1713,
in-12.

Par Gatien de Sandras des Courtils.

274. Mémoires de madame la marquise de
Fresne ; nouv. édit. revue et corr. *Amsterdam, Henry Scelte,* 1702, in-12, fig.

« La première édition est de 1701. C'est le roman le plus
intéressant et le plus agréable à lire qu'ait fait Gatien des
Courtils. » D. P.

275. Anecdotes vénitiennes et turques, ou
Nouveaux mémoires du comte de Bonneval.
depuis son arrivée à Venise jusqu'à son exil
dans l'isle de Chio, au mois de mars 1739,
par M. de Mirone. *Utrecht, J. Broedelet,* 1740,
2 vol. in-8.

276. Mémoires pour servir à l'histoire de Malthe, ou Histoire de la jeunesse du commandeur de ***. *Amsterdam, Fr. Desbordes.*
1741, in-12.

Par l'abbé Prévost.

277. Les Désordres de l'amour, ou les Étour-
deries du chevalier de Brières, mémoires secrets contenant des anecdotes historiques
sur les campagnes de Louis quatorze et de
Louis quinze, par l'auteur des Mémoires de
Cécile. *Amsterdam et Paris, Cailleau,* 1768,
in-12.

Par mademoiselle Guichard et de La Place.

D 3

E. *Romans sous des noms empruntés à l'histoire*
étrangère.

278. Histoire du comte de Genevois et de mademoiselle d'Anjou. *Lyon, Th. Amaulry*, 1680,
in-12.

« Ce petit roman est mal écrit et sans intérêt. Les deux
principaux personnages montrent une incertitude continuelle
dans leurs sentiments et changent perpétuellement de résolu-
tion sur des motifs peu fondés de part et d'autre. La conclusion est que le comte de Genevois, devenu duc de Savoie,
épouse la princesse de Chypre, qui est la seule, en effet, dans
tout le livre, dont le caractère mérite quelque estime par l'élé-
vation des sentiments, quoique un peu outrés à certains
égards. » D. P.

279. Histoire de la comtesse de Savoye. *S. n.*,
1726, in-12.

« L'auteur de ce roman est madame la comtesse de Fon-
taine-Martel, morte en 1748. Lisez les vers de Voltaire qui
sont à la tête et qui lui sont adressés. C'est de ce roman très
agréable et très intéressant que Voltaire a tiré le sujet de sa
tragédie de *Tancrède.* » D. P.

280. La Duchesse de Capoue, nouvelle italienne. *Amsterdam*, 1755, in-12.

Par J. B. Née de la Rochelle.

281. Histoire de Marguerite d'Anjou, par
M. l'abbé Prévost. *Amsterdam, Fr. Desbor-*
des, 1740, 2 vol. in-12.

« Ce roman est fort intéressant. L'auteur était très connu;
il est mort en 1763. » D. P.

282. Perkin, faux duc d'York sous Henry sept,
roi d'Angleterre; nouv. édit., par M. La

Paix de Lizancourt. *Amsterdam*, *l'Honoré Châtelain*, 1732, in-12.

283. Milord Courtenay, ou les Premières amours d'Élisabeth, reine d'Angleterre. *S. l. et s. d.*, in-12.

284. Histoire et aventures d'Hypolite, comte de Douglas, par madame d'Aulnoy; nouv. édit. augm. *Paris, Valleyre et Cailleau*, 1764, 2 vol. in-12.

« Ce roman a fait du bruit en son temps : la première édition est de 1690. C'est un des meilleurs romans français, des plus délicats, des plus honnêtes et des mieux conduits et écrits. La scène est en Angleterre, du temps de Henri VIII. Il n'y a guère d'historique que les noms. » D. P.

285. Le Comte de Varwick, par madame d'Aulnoy; nouv. édit. rev. et corr. *Paris, Compagnie des libraires*, 1740, in-12.

« Ce roman est plus historique que le précédent. Il a eu plusieurs éditions en 1714 et 1715. » D. P.

286. Le Philosophe anglois, ou Histoire de monsieur Cleveland, fils naturel de Cromwel, écrite par lui-même, et trad. de l'anglois ; nouv. édit. *Londres, Paul Vaillant*, 1777, 6 vol. in-12, fig.

Par l'abbé Prévost.
« Ce roman est celui qui fait le plus d'honneur à son auteur. Il est fort intéressant, mais trop noir. Il a paru une traduction en danois, de ce roman, à Copenhague, par une madame de Passow, née en 1731, morte en 1757, d'abord comédienne, puis femme d'un capitaine. » D. P.

287. La Saxe galante. *Amsterdam, aux dé-*

pens de la Compagnie, 1734, 2 vol. in-12.

« Roman très agréable et très amusant, fruit de la jeunesse de M. le chevalier de Solignac, qui vit encore (1769), âgé de plus de quatre-vingts ans. Il a été témoin de la plupart des aventures qu'il raconte, et, si elles sont brodées, du moins le fond est vrai. » D. P.

288. Histoire des princesses de Bohême, par madame ***. *La Haye, J. Neaulme.* 1749, 2 vol. in-12.

« L'auteur de ce roman, annoncé comme étant une dame, est madame de Saliez, d'Alby. Elle est morte fort vieille à Alby en 1730. Nous avons encore d'elle la *Comtesse d'Isambourg* (Paris, 1678, in-12), autre roman qui a eu dans son temps le plus grand succès. Il a été traduit en allemand et en italien. L'abbé Lenglet n'en fait pas mention. » D. P.

289. Le Czar Démétrius, histoire moscovite, par M. de La Rochelle ; 2ᵉ édit. *La Haye, F. Vandole,* 1716, in-12.

« Suivant l'abbé Lenglet, c'est ici la deuxième édition. Il y en a une troisième. L'auteur n'est connu que par cet ouvrage. » D. P.

290. * Mémoires d'Azema, contenant diverses anecdotes des règnes de Pierre le Grand, empereur de Russie, et de l'impératrice Catherine, son épouse ; trad. du russe, par M. C. D. *Amsterdam,* 1764, in-12.

Par Contant d'Orville.

« Il y a beaucoup de choses historiques dans cet ouvrage, mais il y en a aussi beaucoup de romanesques. L'auteur est connu par beaucoup d'ouvrages de ce genre. » P. D.

291. Nouvelles affricaines. *Paris, Cl. Barbin.* 1673, in-12.

Par Le Noble.

292. Les Incas, ou la Destruction de l'empire du Pérou, par M. de Marmontel. *Paris, Lacombe*, 1777, 2 vol. in-8, fig.

F. Romans sous des noms imaginaires.

293. Abbassaï,. histoire orientale. *Bagdad et Paris, Bauche fils*, 1753, 3 vol. in-12.

« Première édition de ce roman de mademoiselle Fauque. Il y a une deuxième édition de 1759. Le sujet de ce roman est très intéressant. Il est fondé sur l'histoire du calife Aaroun al Raschid qui marie sa sœur Abassah au vizir Giaffar. » D. P.

294. Aben-Muslu, ou les Vrais amis, histoire turque. *La Haye*, 1737, in-12.

295. * Adrienne, ou les Aventures de la marquise de N. N., traduit de l'italien, par M. D. L. G. *Milan et Paris, veuve David*, 1768, 2 vol. in-12.

« Ce roman n'est pas véritablement traduit de l'italien. L'auteur est M. de La Grange, auteur de quelques pièces du Théâtre italien et d'une traduction de la comédie de l'*Écossaise* en vers; il est mort en 1767, à l'hôpital de la Charité de Paris. Les aventures de ce roman sont extraordinaires, mais nullement vraisemblables : le style en est faible. » D. P.

296. Alzarac, ou la Nécessité d'être inconstant. *Cologne et Paris, Charpentier*, 1762, in-12.

Par madame de Puisieux.

297. Artemire et Poliante, par M. Boursault : nouv. édit. *Paris, Nyon fils*, 1739, in-12.

« On trouve au commencement de ce roman, que Boursault

publia pour la première fois en 1670 une critique de la tragédie de *Britannicus* de Racine. » D. P.

298. Le même ouvrage ; nouv. édit. *Paris, Didot,* 1740, in-12.

299. Mémoires de madame de Barnevelt. *Paris, Mich. Gandouin,* 1732, in-12.

« M. d'Auvigny a fait entrer dans ce roman, je ne sais pourquoi, quelques faits historiques vrais, entre autres l'histoire de la défection du prince de Monaco (Grimaldi), de l'Espagne à la France en 1642. J'ai parlé plus haut de M. d'Auvigny. Il était ami et élève de l'abbé Desfontaines, qui peut-être n'a fait que refroidir la production de ce jeune homme. M. d'Auvigny a fait un autre roman intitulé : *Mémoires du comte de Comminville.* L'abbé Desfontaines n'eut point de part à ce dernier, mais il en fait infiniment l'éloge dans ses *Observations,* et dit qu'il y avait beaucoup d'esprit dans ce roman, qui n'est point achevé. » D. P.

300. Les Erreurs de l'amour et de la vanité Mémoires de la marquise de Bercaville. *La Haye, Neaulme,* 1755, in-12.

« De M. Lichault, Lorrain, vivant, et qui a été autrefois attaché à M. le comte de Maillebois. » D. P.

301. Mémoires de M. de Berval. *Amsterdam,* 1752, in-8.

Par Fyot de la Marche.

302. Le Danger des liaisons, ou Mémoires de la baronne de Blemon, par madame la M. de S. A. *Genève,* 1763, 3 vol. in-12.

« Par madame la marquise de Saint-Aubin, mère de madame la comtesse de Genlis, et qui a épousé en deuxièmes noces M. d'Andlau dont elle est séparée. Son nom est Ducrest. Il y a un grand épisode dans ce roman, qui est l'histoire d'une religieuse nommée Lucie, trahie par une malheureuse nommée la Fleury. Celle (*sic*) épisode est très touchante aussi bien que l'histoire d'Adelaïde, fille de Lucie. » D. P.

303. Mémoires de mademoiselle Bontemps, ou de la comtesse de Marlou, rédigés par Gueullette. *La Haye, J. Neaulme,* 1749, in-12.

« Ce roman est assez joli. La première édition est de 1738 : celle-ci en est une seconde, ou plutôt une contrefaction (*sic*) de Hollande. » D. P.

304. Mémoires de Cécile, écrits par elle-même, revus par M. de La Place. *Paris et Francfort, J. F. Bassompierre,* 1772, 2 vol. in-12.

« M. de La Place a eu part à ce roman-ci : le principal auteur est mademoiselle Guichard, jeune demoiselle de beaucoup d'esprit, morte de la poitrine en 1756 ; je l'ai connue : elle était jolie et intéressante. L'abbé, aujourd'hui cardinal de Bernis, lui était très attaché et a marié sa sœur cadette à M. Papillon de la Ferté, intendant des Menus. » P. D.

305. Histoire du comte de Clare, nouvelle galante. *Cologne, Pierre le jeune,* 1770, in-12.

Par l'Affichard.
« Ce roman est joli et mêlé de vers. » D. P.

306. Histoire du chevalier Desgrieux et de Manon Lescaut. *Amsterdam, aux dépens de la Compagnie,* 1755, 2 vol. in-12, fig.

« C'est la plus jolie édition de ce roman très intéressant que l'abbé Prévost publia d'abord comme faisant partie des *Mémoires d'un homme de qualité.* La première édition est de 1733. Celle-ci est beaucoup plus belle et ornée de très jolies figures. Au reste, ce morceau est le chef-d'œuvre de l'abbé Prévost : la fin surtout est très touchante. » D. P.

307. Dorval, ou Mémoires pour servir à l'histoire des mœurs du 18e siècle. *Amsterdam et Paris, Mérigot le jeune, 1770, 2 vol. in-12.*

Par Damien de Gomicourt.
« L'ouvrage est d'ailleurs assez médiocre. » D. P.

308. Mémoires du chevalier d'Erban. *Londres et Paris, Duchesne, 1755, in-12.*

« L'auteur s'appelle M. de Ganifey, de Paris. Il n'a fait que cet ouvrage. » D. P.

309. Histoire de madame d'Erneville, écrite par elle-même. *Londres et Paris, N. A. Delalain, 1768, in-12.*

« L'auteur s'appelle M. Maucomble. Né à Metz en 1736, il est mort en 1768. Il nous a donné une histoire de la ville de Nismes. Ce roman est écrit très simplement, peut-être trop. Il y a quelque intérêt, mais les événements ne sont ni saillants ni nouveaux ; cependant les journaux du temps ont assuré qu'il se faisait lire avec plaisir. » D. P.

310. Histoire de la comtesse de Gondez, écrite par elle-même. *Paris, veuve Pissot, 1751, 2 vol. in-12.*

« C'est ici le premier roman de mademoiselle de Lussan, morte en 1758, âgée de soixante-quinze ans. On l'a crue fille naturelle du prince Thomas de Savoie, frère aîné du prince Eugène ; ce qu'il y a de sûr, c'est qu'elle fut élevée par ces deux princes qui l'aimaient beaucoup. On prétend que ce fut M. Huet, évêque d'Avranches, qui l'engagea à faire des romans ; mais il est certain qu'un M. de la Serre, auteur d'opéras, bonhomme qui a vécu longtemps avec elle et qui n'est mort qu'en 1756, âgé de quatre-vingt-quatorze ans, l'a aidée dans la composition de tous ses romans, à commencer par celui-ci, qui est bien écrit Le sujet en est simple et intéressant, et les épisodes bien amenés, après quelques embarras, comme cela doit être. Le roman finit heureusement et n'est point trop noir. » D. P.

311. Mémoires du chevalier de Gonthieu, publiés par M. de la Croix. *Amsterdam et Paris, Durand,* 1766, in-12.

« M. de La Croix est aussi auteur des *Lettres d'Affy à Zurac*, etc. » D. P.

312. La Retraite de la marquise de Gonzanne, contenant diverses histoires galantes et véritables. *Paris, Étienne Ganeau,* 1734, 2 vol. in-12.

313. Histoire de miss Honora, ou le Vice dupe de lui-même. *Amsterdam et Paris, Durand,* 1766, 2 vol. in-12.

« L'auteur est M. Lefevre de Beauvrai, aveugle. L'ouvrage est assez mauvais, les aventures peu vraisemblables et le style peu correct. Par bonheur, il s'y trouve quelques épisodes supportables. On trouve dans le *Journal encyclopédique,* mars 1766, une lettre par laquelle M. Lefevre de Beauvrai se plaint de ce qu'on lui a volé son roman et de ce que son copiste, à qui il le dictait, l'a fait imprimer avec les fautes qu'il avait faites, outre qu'il n'avait pas été en état de corriger celles de l'imprimeur. » D. P.

314. Le Doyen de Killerine, histoire morale composée sur les mémoires d'une illustre famille d'Irlande, et ornée de tout ce qui peut rendre une lecture utile et agréable, par l'auteur des Mémoires d'un homme de qualité ; nouv. édit. *Lille, J. B. Henry,* 1771, in-12, fig.

« Un des romans les plus singuliers de ceux de l'abbé Pré-

E 1

vost. Le caractère de son héros est surtout quelque chose de
bien extraordinaire. » D. P.

315. Histoire de la princesse Macarie. *S. n.*,
1747, 2 part. en 1 vol. in-12.

« Ce roman est tout à fait allégorique, philosophique et
même métaphysique, par conséquent ennuyeux. » D. P.

316. La Vie de Marianne, ou les Aventures de
madame la comtesse de..., par M. de Marivaux ; nouv. édit. *Paris, libraires associés*,
1781, 3 vol. in-12.

« Un des meilleurs ouvrages de Marivaux. La première édition est de 1734 ; il parut alors par parties ; les dernières se
firent si longtemps attendre, que ce ne fut qu'en 1742 que l'on
publia les quatre dernières. On a dit qu'il ne s'était pas même
donné la peine de les faire lui-même Il est vrai qu'elles sont
moins intéressantes que les premières ; elles sont pourtant de
Marivaux même, mais ce qui n'en est pas est une Conclusion
qui va encore par delà ce qui a paru en 1742 et qui se retrouve à la fin du quatrième volume. Il y a une autre Conclusion de *Marianne,* insérée en 1760 par M. de Bastide dans
une feuille périodique de sa façon, intitulée *le Monde.* Dans
cette continuation, il y a quelque chose de Marivaux, et son
style y est bien imité. » D. P.

317. Mémoires de mesdemoiselles de Mar-
sange. *La Haye*, 1757, 2 vol. in-12.

« Ce roman a été attribué à madame de Villeneuve ; mais
l'auteur de l'*Histoire littéraire des dames de France* en
doute. Quoi qu'il en soit, celle qui joue le principal rôle dans
ce roman, la cadette de ces demoiselles, est d'un caractère
affreux, et l'on devrait intituler ce roman *la Méchante sœur.*
La catastrophe est terrible. » D. P.

318. Mémoires de la comtesse de Mirol, ou les
Funestes effets de l'amour et de la jalousie.

histoire p'émontoise, par M. le marquis d'Argens. *La Haye, Adrien Moetjens,* 1748, in-12.

319. La Comtesse de Mortane, par madame ***. *Paris, veuve Cl. Barbin,* 1699, 2 vol. pet. in-12.

« C'est la première édition de ce roman, qui est, dit-on, très intéressant. L'auteur est madame Durand L'abbé Lenglet dit que le deuxième volume est plus intéressant que le premier : d'ailleurs, l'intrigue est bien conduite. Il se retrouve dans les Œuvres de madame Durand. Il y a dans ce roman quelques contes de fées, entre autres, *Lubantine,* qui est très joli. » D. P.

320. Mémoires de M. de Poligny, dédiés à M. de Voltaire, par madame ***. *La Haye, Isaac Beauregard,* 1749, in-12.

321. Histoire de D. Ranuccio d'Aletes, écrite par lui même. *Venise, aux dépens de la Compagnie,* 1758, 2 vol. in-12, fig.

Par l'abbé Porée.

« C'est une historique allégorique et très satirique des Jésuites. » D. P.

322. Rhinsault et Sapphira, histoire tragique, avec les Quatre fleurs, conte. *Paris, Prault,* 1736, in-12.

323. L'Infortuné Napolitain, ou les Aventures du seigneur Rozelli, qui contiennent l'histoire de sa naissance, de son esclavage, de son état monastique, de sa prison dans l'Inquisition, et des différentes figures qu'il a faites tant en Italie qu'en France et en Hollande,

E 2

nouv. édit. rev., corr. et augm. *Amsterdam,
Henry Desbordes*, 1777, 2 vol., in-12, fig.

Par l'abbé Olivier.

324. Sanfrein, ou Mon dernier séjour à la
campagne. *Amsterdam*, 1765, in-12.

Par Tiphaigne.

« Chercher l'auteur de ce roman, qui me paraît assez mau
vais et très éloigné d'être dévot. Il y a des portraits, et une
espèce de philosophie assez plaisante. » D. P.

325. Saroutaki et Alibek, histoire traduite du
persan. *L'Orient, aux dépens de la Compagnie*, 1752, in-12.

326. Semelion, histoire véritable. *S. n.*, 1722,
in-12.

Par le marquis de Belle-Isle.

327. *Sophie, par M. D. B. *La Haye et Paris,
Hochereau*, 1756, in-12.

Par des Bies ou Des Biez.

« Roman écrit assez simplement, mais assez invraisem-
brable : le contraste du caractère d'Henriette, qui est belle,
avec Sophie sa sœur, qui est aimable et honnête, est très bien
fait. Cet ouvrage est véritablement imité d'un roman anglais
de mistriss Charlotte Lenox, femme auteur connue par d'autres
romans et des comédies. » D. P.

328. * Histoire de Sophie de Francourt, par
M ***. *Paris, Merlin*, 1768, 2 vol. in-12.

« Chercher l'auteur. Les journaux ont dit que c'était le
même que celui qui s'est fait connaître sous le nom de la tragédie d'*Euxode*, que je ne connais pas. On dit qu'il y a dans
ce roman des aventures intéressantes et des caractères singuliers » D. P.

329. Mylord Stanley, ou le Criminel vertueux. *Cadix*, 1747, in-12.

« Ce roman est de M. le chevalier de la Morlière, vivant, auteur de grand nombre d'ouvrages romanesques, critiques, etc. » D. P.

330. Tarsis et Zélie ; nouv. édit. *Paris, Musier fils*, 1774 3 vol. in-8, fig.

Par Le Vayer de Boutigny.

« Ce roman est fameux et estimé : la première édition est de 1665. Il vient d'être réimprimé en 1774 en trois volumes. La *Gazette littéraire*, annonçant cette réimpression, dit qu'elle a été retouchée et même abrégée par l'abbé Souchay. C'est le même abbé qui a aussi retouché l'*Astrée ;* il est mort en 1746. » D. P.

331. Histoire de mademoiselle de Terville, par madame de Puisieux. *Amsterdam et Paris, Duchesne*, 1768, 3 vol. in-12.

« Ouvrage de madame de Puisieux, dont l'imagination se refroidit et le style baisse. Ce roman est cependant assez intéressant. Le caractère de l'héroïne est très-estimable ; celui de sa mère et ceux de ses autres entours sont mauvais et font contraste avec mademoiselle de Terville. Au moins, ce roman est plus honnête que les premiers de madame de Puisieux. » D. P.

332. Histoire du prince Titi ; 4e édit. *Paris, Pissot*, 1752, 3 vol. in-12.

Par Themiseul de Saint-Hyacinthe.

333. Toni et Clairette, par M. de la Dixmerie. *Paris, Didot l'aîné*, 1773, 2 vol. in-12.

334. Mémoires de mademoiselle de Valcourt. *Amsterdam et Paris, Lacombe*, 1767, in-12.

« L'auteur de ce roman est madame la présidente Thyroux

d'Arconville, qui a fait plusieurs autres romans et diverses traductions dont elle a longtemps laissé ignorer au public qu'il lui en était redevable. L'ouvrage est très intéressant. Fréron prétend qu'on ne peut pas le lire sans verser des larmes : c'est ce que je n'ai pas encore éprouvé. Ce qu'il y a de sûr, c'est qu'il est peu chargé d'événements, mais plein de sentiment. » D. P.

G. *Romans sous diverses dénominations.*

335. Aventures galantes, avec la Feste des Tuilleries, ou le Bouquet présenté au Roi. *La Haye, J. Van Duren*, 1736, 2 vol. in-12.

« C'est une réimpression d'un livre intitulé : *Aventures et lettres galantes, avec la Promenade des Thuileries*, dont l'auteur est le chevalier de Mailly, et dont la première édition a été publiée en 1697, la deuxième en 1718. » D. P.

336. La Comédienne fille et femme de qualité, ou Mémoires de la marquise de..., écrits par elle-même. *Bruxelles*, 1757, 3 vol. in-12.

« L'auteur s'appelle M. de Sainte-Croix. C'est tout ce que j'en sais. Le roman est mauvais. L'auteur en promettait une suite qui n'a pas paru ; sur quoi un journaliste a dit qu'il y avait des gens qui obligeaient le public en ne lui tenant pas parole. » D. P.

337. Les Confessions du comte de..., 4ᵉ édit. *Amsterdam*, 1742, in-12.

« Ce livre est très connu et a fait beaucoup d'honneur à son auteur, M. Duclos, mort en 1772. La première édition est, je crois, de 1742. Ainsi, il y en aurait eu trois tout de suite. Il y en a une troisième de 1776, avec de belles gravures et la vie de Duclos. » D. P.

338. Les Confessions de la baronne de..., par

elle-même, rédigées par le C. D. *Amsterdam*,
1743, in-12.

« L'auteur est M. le chevalier de Neuville de Montador, capitaine d'invalides au Port-Louis. » D. P.

339. * Confidences d'une jolie femme. *Paris et
Liége, F. J. Desoer*, 1777. 2 vol. in-12.

« Ce roman, qui est un des meilleurs qu'on ait faits depuis
quelque temps, est de mademoiselle d'Albert, actuellement
pensionnaire au couvent de Saint-Chaumont. » D. P.

340. Les Effets surprenants de la sympathie,
ou les Aventures de... *Paris, veuve Duchesne*, 1784, 2 vol. in-12.

« Il y en a une deuxième édition d'Amsterdam, 1715. C'est
un des premiers romans de Marivaux. » D. P.

341. L'Élève de la Nature, nouv. édit., augm.
d'un volume. *Lille, C. F. J. Le Houcq*, 1778,
3 vol. in-12, fig.

« L'auteur de ce roman s'appelle M. de Beaurieu ; il a
fait plusieurs ouvrages médiocres, entre autres l'Abrégé de
l'*Histoire des insectes* de Réaumur. Il est d'Artois. Si ceci est
un roman, c'est un roman très philosophique et assez singulier ; la première partie est la plus intéressante ; la deuxième
est un tissu d'aventures ordinaires. Il y a une nouvelle édition
de 1771, très corrigée et ornée de figures ; elle est en trois
parties au lieu de deux. Nota qu'à la première édition de ce
livre (*Paris*, 1764, in-12), M. de Beaurieu eut l'imprudence
de l'attribuer à J. J. Rousseau ; cette supercherie fit vendre
le livre, mais a fait tort au vrai auteur, qui a été connu. »
D. P.

342. Les Femmes militaires, relation historique d'une île nouvellement découverte.

Amsterdam, aux dépens de la Compagnie,
1739, in-12, fig.

Par le chevalier de Saint-Jorry.

« Ce roman, qui peut se mettre parmi les Voyages imaginaires, est assez joli. » D. P.

343. La Fille entretenue et vertueuse, ou le
Progrès de la vertu. *La Haye et Paris, Dehansy,* 1774, 2 vol. in-12.

« L'épître dédicatoire de ce petit roman est signée R. D. L. B.,
ce qui me ferait croire qu'il pourrait bien être de M. Retif de
la Bretonne, auteur du *Pornographe,* du *Mimographe* et de la
Fille naturelle. » D. P.

344. Les Frères jumeaux, nouvelle historique,
tirée de l'espagnol. *Paris, J. F. Josse,* 1730,
in-12.

« Par le sieur Milon de Laval. Je ne sais qui était cet auteur, ni d'où il a pris cette nouvelle. » D. P.

345. L'Heureux esclave, nouvelle. *Paris,
P. Witte,* 1726, in-12, fig.

« Ce livre est, dit-on, intéressant ; aussi, a-t-il eu un grand
nombre d'éditions ; suivant l'abbé Lenglet, ce n'est ici que la
septième. L'auteur était un libraire de Paris, nommé Olivier
de Varennes. » D. P.

346. L'Heureux retour, histoire espagnole, par
M. de... *Londres,* 1747, in-12.

347. Honny soit qui mal y pense, ou Histoire
des filles célèbres du 18e siècle. *Londres,*
1775, 3 vol. in-12.

« Ces histoires sont médiocres. Il y en a pourtant quelques-
unes dont le fond est vrai. La *France littéraire* attribue ce

livre, qui n'est point ordurier, malgré son titre, à un M. Des-
boulmiers. La première édition est de 1761 et n'a que deux
parties au lieu de six. » D. P.

348. L'Innocence du premier âge en France. *Paris, Ruault,* 1774, in-8, fig.

Par M. de Sauvigny.
« Ce petit recueil contient deux histoires, dont la première
surtout est très intéressante : c'est la *Rose ou la Feste de Sal-
lency ;* la seconde est *l'Isle d'Ouessant.* A la fin on trouve
deux jolis airs notés. » D. P.

349. Les Lutins du château de Kernosy, nou- velle historique de madame la comtesse de Murat; nouv. édit. rev. et augm. de deux contes *Leyde,* 1753, in-12.

« Ce roman est de madame la comtesse de Murat, connue
par ses contes de fées et quelques autres ouvrages légers.
L'édition originale est de 1710. L'abbé Lenglet dit que,
quoique ce roman soit joli et qu'il soit écrit avec génie et
avec goût, il eut cependant peu de succès, parce que le titre
promet peu. Ce roman est amusant et gai. » D. P.

350. Les Malheurs de l'amour. *Amsterdam et Paris, Prault,* 1766, in-12.

« Par feu madame de Tencin et son neveu M. de Pont de
Vesle. Roman très touchant, très bien écrit et très bien conduit. La catastrophe en est intéressante : il y a un épisode
très intéressant aussi de madame Blanchefort. » D. P.

351. Mémoires et aventures d'un homme de qualité qui s'est retiré du monde ; nouv. édit. rev. et augm. *Amsterdam et Paris, Martin,* 1756, 6 vol. in-12.

Par l'abbé Prévost.
« La première édition, est de 1729 en 6 volumes reliés en 3.

L'histoire de Manon Lescaut forme les 7e et 8e tomes composant le 4e. » D. P.

352. Mémoires et aventures d'une dame de qualité qui s'est retirée du monde. *Amsterdam*, P. *Erialed*, 1772, 3 vol. in-12.

« Par l'abbé Lambert. Ce roman fut attribué à Saint-Evremont, traduit en anglais et publié avec son nom (*Lond.*, 1722, in-12). » D. P.

353. Mémoires de madame la comtesse de ***, avant sa retraite; nouv. édit. *S. n.*; 1740, in-12.

« Ces mémoires sont de madame la comtesse de Murat, de qui nous avons nombre d'autres ouvrages, contes de fées, etc. Son nom était Julie de Castelnau, fille et femme de qualité, que son cœur et son esprit rendirent très malheureuse. Elle fut exilée sous Louis XIV, eut sa liberté sous la Régence et mourut peu après. Ces mémoires sont ceux de sa propre vie, qui fut bien galante : elle n'épousa le comte de Murat qu'en deuxièmes noces ; il est ici désigné sous le nom de Saint-Alpe. » D. P.

354. Mémoires d'une honnête femme, écrits par elle-même et publiés par M. de Chevrier. *Londres*, 1753, in-12.

« M. Chevrier a mis pour épigraphe à la tête de son livre ce vers :

Il en est jusqu'à trois que je pourrais compter.

Preuve qu'il croit peu à l'espèce dont il a prétendu ici écrire les mémoires. » D. P.

355. Le Monde moral, ou Mémoires pour servir à l'histoire du cœur humain, par M... *Genève*, 1760-64, 4 vol. in-12.

« C'est un des derniers et ce n'est pas un des meilleurs ou-

vrages de l'abbé Prévost. Cependant il y a quelques aventures
et quelques caractères assez intéressants, et il est d'ailleurs
souvent bien écrit, mais inégalement ; il y a des morceaux
bien négligés dès le premier volume, ce qui dégoûte de lire
le reste ; cependant il faut voir au moins dans le deuxième
volume l'histoire du père de la Trappe, qui est noire, terrible,
mais fort intéressante. » D. P.

356. Ne pas croire ce qu'on voit, histoire espa-
    gnole, par M. Boursault. *Paris, le Breton,*
    1739, in-12.

357. Le Paysan parvenu, ou les Mémoires de
    M..., par M. de Marivaux. *Paris, veuve
    Duchesne,* 1764, 4 vol. in-12.

358. La Paysanne parvenue, par M. le cheva-
    lier de Mouhy ; nouv. édit. *Paris, Prault,*
    1777, 4 vol. in-12.

    « La première édition est de Paris, 1735. Espèce de paro-
    die du *Paysan parvenu* de M. de Marivaux. » D. P.

359. Le Paysan perverti, ou les Dangers de
    la ville, histoire récente, mise au jour d'après
    les véritables lettres des personnages, par
    N. E. Restif de la Bretone. *La Haye et Pa-
    ris, Esprit,* 1776, 4 vol. in-12.

    « Ce roman a eu beaucoup de succès, à l'exception du der-
    nier volume, dont les événements ont paru plutôt dégoûtants
    qu'intéressants. » D. P.

360. Le Pouvoir de la beauté, nouvelle toute
    nouvelle. *S. n.,* 1740, in-12.

    « L'auteur est M. L'Affichard, souffleur de la Comédie ita-
    lienne, mort en 1753. Il a fait d'autres romans : *Caprices
    romanesques,* la *Salamandre,* etc. » D. P.

361. Les Préjugés trop bravés et trop suivis, ou les Mémoires de mademoiselle d'Oran, par mademoiselle *¹*. *Londres*, 1755, in-12.

Par mademoiselle Fauque.

« Ce n'est pas ici un de ses premiers romans, ni le meilleur, quoiqu'il y ait quelques situations assez touchantes. Le caractère de l'héroïne est fort extraordinaire. » D. P.

362. * Les Promenades et rendez-vous du parc de Versailles. *Bruxelles*, 1762, in-12.

« Par M. Huerne de la Motte, avocat. C'est un recueil d'historiettes peu vraisemblables, mais assez intéressantes. L'auteur a voulu parler de la cour. » D. P.

363. Le Roman du jour, pour servir à l'histoire du siècle. *Londres*, 1754, in-8.

Par le chevalier d'Arcq.

« Il y a de l'esprit dans tous ses ouvrages, mais toujours un peu d'entortillage dans son style et beaucoup de prétention. » D. P.

364. Les Spectacles nocturnes, ouvrage épisodique. *Londres et Paris, Duchesne*, 1756, in-12.

« Par M. Magny, auteur des *Mémoires de Justine*. Cela a été fait lorsque les boulevards ont commencé à devenir à la mode. Un jeune homme est promené par une fée dans une ville qu'il appelle Cythéropolis (c'est Paris) ; il raconte tout ce qu'il y voit, avec beaucoup de détails, mais qui sont médiocrement intéressants. » D. P.

365. Le Succès d'un fat, nouvelle. *Avignon et Paris, l'Esclapart*, 1762, in-12.

Par madame Abeille de Kéralio.

« Cet ouvrage est imprimé avec permission L'auteur s'y moque des fats, en rendant son héros bafoué comme il mérite de l'être. Il est d'ailleurs passablement écrit. » D. P.

366. Le Triomphe de l'amour, ou le Serpent caché sous les fleurs. *Londres et Paris, Duchesne,* 1755, 2 vol in-12.

« De M. Michel de Saint-Sauveur-le-Vicomte en Normandie. On ne comprend rien à ce roman, et l'on ne sait trop ce que cela veut dire. » D. P.

367. La Veuve en puissance de mari, nouvelle tragi-comique avec deux divertissements, par madame L. G. D. R. *Paris, P. Prault,* 1732, in-12.

« Par madame La Grange de Richebourg, ou Lagarde, suivant l'*Histoire littéraire des femmes françaises.* On trouve dans ce volume deux comédies : le *Caprice de l'amour* et la *Dupe de soi-même.* » D. P.

368. La Vie de mon père, par l'auteur du Paysan perverti. *Neuchâtel et Paris, Mérigot,* 1779, in-12.

Par Restif de la Bretonne.

369. Voyages et aventures du comte de *** et de son fils. *Amsterdam, P. Marteau,* 1745, 3 vol. in-12.

« Ce voyage dans différentes parties de l'Europe est mêlé d'aventures romanesques. » D. P.

H. *Romans par lettres.*

370. * Lettres du marquis de Rozelle, par madame E. D. B ; nouv. édit. *Londres et Paris, L. Cellot,* 1770, in-12.

« L'auteur de ces Lettres est madame Élie de Beaumont, femme d'un avocat, homme d'esprit et connu par de jolis et

beaux mémoires. Madame de Beaumont est jolie femme et
écrit bien. Ces lettres sont intéressantes et ont eu grand succès ; elles sont morales et honnêtes. » D. P.

371. Lettres d'une Péruvienne, par madame de Grafigny; nouv. édit. *Paris, veuve Duchesne,* 1773, in 12.

« La première édition est de 1747, la deuxième de 1749.
Cet ouvrage est assez connu. Madame de Grafigny est morte
en 1758. » D. P.

372. Lettres du colonel Talbert, par madame ***, auteur d'Élisabeth. *Amsterdam et Paris, Durand,* 1767, 4 vol. in-12.

Par madame Benoît.

« On assure que ce roman est très agréable et intéressant,
tant par le style que par les caractères. » D. P.

373. Mémoires en forme de lettres de deux jeunes personnes de qualité, par l'auteur du Danger des liaisons. *La Haye et Paris, Robin,* 1765, 2 vol. in-12.

« Cet auteur s'appelait ci-devant madame la marquise de
Saint-Aubin, et elle est aujourd'hui madame la baronne
d'Andlau. L'histoire des deux jeunes personnes est intéressante.
La scène est en Angleterre pendant la plus grande partie du
roman, mais elle se termine à Paris. Il y a des noirceurs dans
ce roman. » D. P.

374. Lettres de milady Bedfort, traduites de l'anglois, par madame de B... G... *Paris, Dehansy,* 1769, in-12.

« Chercher l'auteur de ces Lettres, qui ne sont pas véritablement traduites de l'anglais. On les attribue à madame Rec-
cari, dont le mari, Piémontais, a été mon officier d'office. Elle
a été femme de chambre et lectrice de madame la comtesse

de Peyre : elle a de l'esprit et a été jolie. Le sujet et la conduite de ce roman sont simples et honnêtes, et il est passablement écrit. » D. P.

375. Lettres du chevalier de Luzeincour, par une femme veuve. *Londres*, 1769, in-8.

« Deuxième édition ; par M. Gauthier de Mondorge, trésorier de la Chambre aux deniers. »

376. Mémoires de Lucie d'Olbery, traduits de l'anglois, par madame de B .. G..., auteur des Lettres de milady Bedfort. *Paris, Dehansy*, 1770, 2 vol. in-12.

« L'auteur de ces lettres est madame Beccari, femme d'un officier d'office qui a été à mon service. La fable de ce roman est commune et froide d'abord, mais s'échauffe à la fin. L'ouvrage est assez bien écrit, et l'on voit que l'auteur cherche à rendre ses héros honnêtes et intéressants. L'ouvrage n'est nullement traduit de l'anglais, mais à peu près dans le goût par rapport au genre épistolaire. » D. P.

377. * Lettres de mademoiselle de Boismiran, recueillies et publiées par madame de ***. *Amsterdam et Paris, Moutard*, 1777, in-12.

« Ce roman est attribué à madame de Boisgiron. Le premier volume est agréable et intéressant : les événements du second sont moins naturels. Il finit d'une manière triste qui n'ajoute point à l'intérêt et qui détruit, en quelque sorte, celui du premier volume. » D. P.

378. Lettres de Stéphanie, roman historique en trois parties. *Paris*, 1778, 3 vol. in-8.

« M. Dorat avait commencé à insérer ces Lettres dans son *Journal des Dames*, où elles avaient fait autant de plaisir qu'en peut faire un roman donné par lambeaux ; il les a ensuite réunies avec des corrections et des augmentations. » D. P.

F 2

379. Les Dangers d'un premier choix, ou Lettres de Laure à Emilie, par M. de la Dixmerie.
La Haye et Paris, Delalain jeune, 1785,
3 vol. in-12, br.

1. *Contes et nouvelles.*

380. Les Contes et discours d'Eutrapel, par
Noël du Fail, seigneur de la Herissaie. *S. n.*,
1732, 2 vol. in-12.

381. Les Contes du sieur d'Ouville; nouv.
édit. augm. *Amsterdam, H. Desbordes,* 1732,
2 vol. in-12.

382. Les Veillées de Thessalie; 3ᵉ édit. rev.,
corr. et augm., par mademoiselle de Lussan.
Paris, veuve Pissot, 1741, 2 vol. in-12.

« C'est le plus joli ouvrage de mademoiselle de Lussan.
C'est là que Autreau a pris sa comédie de la *Magie de l'amour.*
C'est un recueil de différentes historiettes dans le goût grec.
Les héros et les héroïnes sont des bergers et des bergères.
Il y est beaucoup question de sorcellerie. On sait que la Thes-
salie était pleine de pasteurs et magiciens. La première édition
est de 1732. » D. P.

383. Les Nones galantes, ou l'Amour embé-
guiné. *La Haye, J. Van Es,* 1740, in-12.
Par le marquis d'Argens.

384. Contes philosophiques et moraux, par
M. de la Dixmerie; nouv. édit. corr. et augm.
Londres et Orléans, Couret de Villeneuve,
1769, 3 vol. in-12.

« Ces contes sont assez philosophiques et souvent plus

moraux que ceux de M. Marmontel ; mais ils sont plus froids.
Il y a une deuxième édition, 1769, 3 vol. Le troisième est
absolument nouveau, et contient neuf contes de différents
genres, mais toujours philosophiques et moraux. Il faut avoir
cette nouvelle édition, d'autant plus que les neuf contes qui
composent le nouveau volume sont les meilleurs de tous. D'ailleurs l'édition est belle, de Couret de Villeneuve d'Orléans. »
D. P.

**385. Contes moraux, par M. Marmontel ; dern.
édit. *Paris, Merlin*, 1775, 3 vol. in-8, fig.**

« L'auteur et l'ouvrage sont assez connus. La première édition est de 1761, en 2 vol., et ce n'était qu'un recueil de
contes et historiettes que M. Marmontel avait publiés dans le
Mercure, du temps qu'il en avait le privilège. Non-seulement
les Anglais, mais même les Français, ont déjà fait beaucoup
de pièces de théâtre de ces contes. » D. P.

J. Contes de fées et contes merveilleux

**386. Contes de fées, par Ch. Perrault ; nouv.
édit. *Paris, Lamy*, 1781, in-12, fig.**

« Il y a une belle dissertation à faire, et je crois qu'elle est
déjà faite, sur l'origine des noms de *fées* et *ogre*. Les fées
habitaient, suivant Pomponius Mella et Strabon, dans une île
située entre la grande et la petite Bretagne, nommée *Sena* ;
elles n'étaient que neuf, qui pouvaient exciter et calmer les
tempêtes, rendre la mer calme, prendre la forme de toutes
sortes d'animaux, prédire l'avenir, etc. On leur donna le nom
de *fée*, de *fatum*, destin, sort, parce qu'elles le prédisaient.
On trouve dans le septième livre d'Athénée l'origine des ogres,
qui étaient des Scythes barbares, espèces de cyclopes qui n'a-
vaient qu'un œil au milieu du front et qui aimaient la chair
humaine. » D. P.

387. Le Cabinet des fées, par madame de M ..

Amsterdam, Marc-Michel Rey, 1754, 8 vol. in-12, fig.

« Dernière édition des contes de madame d'Aulnoy, madame de Murat et autres. Les tomes 3 à 6 contiennent tous les contes de madame d'Aulnoy, qui forment huit parties dans les éditions précédentes ; les deux premiers et les deux derniers volumes contiennent les autres contes : par exemple, le septième contient les *Illustres fées*, mal à propos attribuées à madame d'Aulnoy, imprimées pour la première fois en 1698 et réimprimées en 1709 et 1731. Il se pourrait que ce fussent les mêmes que ceux d'un M. Lesconvel, mauvais auteur. Les *Contes des contes*, qui suivent dans le même volume, sont de mademoiselle de la Force. Le tome huit est composé du *Chevalier errant*, du *Génie familier*, et de la *Tyrannie des fées détruite*, par mademoiselle de Lubert. » D. P.

388. Féeries nouvelles. *La Haye*, 1744, 2 vol. in-12.

« Ce recueil est de feu M. le comte de Caylus. Les contes sont fort jolis et pleins d'esprit. D. P.

389. Les Nouveaux contes de fées, par madame de Murat ; nouv. édit. corr. *Paris, Compagnie des libraires*, 1724, in-12.

« Le *Palais de la vengeance* est un très joli conte et très ingénieux » D. P.

390. Les Contes des génies, ou les Charmantes leçons d'Hiram, fils d'Omar, ouvrage traduit du persan en anglois, par sir Ch. Morel, et en françois sur la traduction angloise. *Amsterdam, Marc-Michel Rey*, 1766, 3 vol. in-12, fig.

« Ces contes sont vraiment traduits de l'anglais par un M. Robinet, vivant, auteur de beaucoup d'ouvrages plus sérieux ; mais il n'est pas aussi sûr qu'ils aient été traduits du persan en anglais. Au reste, ils sont assez moraux, et il y a assez d'imagination. En général, ils prêchent la Providence. Il y a surtout dans la préface quelques traits assez singuliers contre la religion chrétienne. L'original anglais est de *Londres*, 1764. Il porte le nom d'un M. Morel, ambassadeur d'Angleterre auprès du grand Mogol ; mais probablement c'est un nom supposé. » D. P.

391. Les Mille et une nuits, contes arabes, traduits en françois, par M. Galland. *Paris, Compagnie des libraires*, 1774, 6 vol, in-12.

« Ces contes très amusants, et que M. Galland a vraiment presque entièrement traduits de l'arabe, ont commencé à paraître en 1704 en 6 volumes, et ont été successivement poussés jusqu'à 10 et même à 12 volumes, les deux derniers ayant été trouvés après sa mort dans ses papiers. Dans cette édition, les 12 volumes ont été refondus en 6, qui contiennent tout ce que M. Galland a publié de ces contes, qu'il aurait poussés plus loin, s'il eût vécu davantage. Il est mort en 1715, professeur d'arabe au Collége royal, depuis 1709. Il était né en 1646, près de Montdidier. » D. P.

392. Les Mille et une heures, contes péruviens : nouv. édit. rev., corr. et augm. *Londres et Paris, Nyon*, 1759, 2 vol. in-12.

« Ces contes sont assez inférieurs aux précédents ; je n'en connais pas le premier auteur, mais ils ont été achevés par M. Gueullette. » D. P.

393. Les Mille et un quart d'heures, contes tartares ; nouv. édit. *Paris, libraires associés*, 1753, 3 vol. in-12.

« Par M. Gueullette. Un des plus jolis de tous les recueils de contes, qui portent le titre de *Mille et un*, etc. La première édition est de 1724. » D. P.

394. Nouveaux contes orientaux, par M. le comte de Caylus. *Amsterdam et Paris, veuve Merkus et Mérigot*, 1780, 2 vol. in-12.

« La première édition, imprimée à Paris en 1743, a paru sous ce titre : *Contes orientaux tirés des MSS. de la Bibliothèque du roi de France.* » D. P.

395. Contes très mogols, avec notes, à l'usage des deux sexes, par un vieillard quelquefois jeune. *Genève et Paris, Valade*, 1770, in-12.

Par Mérard de Saint-Just, ou J. H. Marchand., suivant le marquis de Paulmy.

« Contes cyniques et très amusants. Il n'y manque que les mots et les paroles, qui ajouteraient peu à la vivacité des détails. Il paraît qu'à mesure que M. Marchand vieillit, ses plaisanteries deviennent plus fortes. » D. P.

396. Angola, histoire indienne, ouvrage sans vraisemblance ; nouv. édit. rev. *Agra*, 1778, 2 vol. in-8.

« Conte gaillard, mais d'ailleurs médiocre, de M. le chevalier de la Morlière, auteur de quelques autres romans et pièces de poésie. C'est ici son chef-d'œuvre. » D. P.

397. Mirza et Fatmé, conte indien, trad. de l'arabe. *La Haye*, 1754, in-12.

« Par M. Saurin, à présent de l'Académie française et auteur de plusieurs autres ouvrages plus importants. » D. P.

398. Acajou et Zirphile, conte. *Minutie*, 1744, in-12.

« Par M. Duclos, qui le fit sur les dessins de Boucher, que M. le comte de Tessin, ambassadeur de Suède en France, lui avait fait faire pour un roman de sa façon, intitulé : *Faunillane, ou l'Infante jaune.* C'est ici la première édition in-12, où les figures de l'in-4 sont réduites. » D. P.

399. Pantin et Pantine, conte. *Paris, chez tout le monde, l'an du bilboquet* 35, in-12.

Par L'Affichard.

400. Les Têtes folles. *Londres et Paris, Til-liard,* 1753, in-12.

« Par M. de Bastide. Petit conte. » D. P.

K. *Voyages imaginaires.*

401. La Vie et les aventures surprenantes de Robinson Crusoé, trad. de l'angl. *Paris, Laurent Prault,* 1768, in-12, fig.

˙ Trad. de Daniel Foë par Themiseul de Saint-Hyacinthe et van Effen.

402. Voyages de Gulliver, traduits par Desfontaines; nouv. édit. *Paris, Musier fils,* 1772, 2 vol. in-12.

« La première édition est de Hollande, 1727. Ce ne fut qu'en 1726 que le docteur Swift publia le livre anglais. Le fond de cette traduction est d'un M. Mackan, Irlandais, corrigé pour le style par l'abbé Desfontaines. » D. P.

403 Les Aventures d'Abdalla, ou son voyage dans l'isle de Borico, trad. de l'arabe; nouv. édit. *La Haye et Paris, J. B. G. Musier,* 1773, 2 vol. in-12, fig.

« Par M. Sandisson, dont on trouve à la tête du volume une lettre au traducteur, de décembre 1703. Cette édition, ornée de figures, est la traduction complète du MS. arabe trouvé à Batavia par M. Sandisson ; elle est augmentée de la suite des aventures d'Abdalla pour arriver à Borico, de son retour à Delly et de là à Batavia, où il termine ses courses et sa vie. Ce roman est assez agréable. » D. P.

404. Voyage merveilleux du prince Fanférédin
     dans la Romancie, contenant plusieurs ob-
     servations historiques, géographiques, phy-
     siques, critiques et morales. *Paris, P. G.
     Le Mercier*, 1735, in-12.

« Cette plaisanterie du père Bougeant ne lui a pas fait d'af-
faire, comme celle qu'il hasarda depuis sur l'âme des bêtes ;
mais elle ne lui a pas fait grand honneur. En général, les jésuites n'ont jamais réussi à être plaisants. » D. P.

405. Voyage d'Alcimedon, ou Naufrage qui
     conduit au port, histoire plus vraie que vrai-
     semblable. *Amsterdam*, 1759, in-12.

Par le comte de Martigny.

L. *Romans anglais.*

406. L'Orpheline anglaise, ou Histoire de Char-
     lotte Summers, imitée de l'anglois de M. N.,
     par M. de La Place. *Londres et Francfort,
     J. L. Bassompierre*, 1756, in-12.

« Ce livre, du même traducteur et peut-être du même auteur
que *Tom Jones*, a eu bien moins de succès en France. »
D. P.

407. Oronoko, imité de l'anglois ; nouv. édit.
     corr. par M. de La Place. *Paris, Sébastien
     Jorry*, 1756, in-12.

« Ce roman est très intéressant. Il a servi de sujet à une
tragédie anglaise très estimée. L'auteur est une dame nommée
Behn, qui vivait au siècle dernier sous Charles II ; elle avait
connu elle-même le héros de son roman, en Amérique. M. de
la Place n'a pas traduit littéralement le roman d'*Oronoko* : il
a adouci quelques détails révoltants pour la délicatesse française. » D. P.

408. Almoran et Hamet, anecdote orientale, publiée pour l'instruction d'un jeune monarque; 2 parties. *Londres,* 1763, in-12.

« L'abbé Prévost est le premier traducteur de cet ouvrage-ci, dont l'original est en anglais. Le véritable auteur est M. Hankesworth. L'ouvrage, qui a été imprimé à Londres en 1761, 2 volumes in-12, passe pour être bien écrit en anglais. Il y a de la morale et du sentiment, mais le costume oriental n'y est pas toujours parfaitement observé. L'auteur vivait encore en 1764. Il était auteur d'un bon journal intitulé *l'Aventurier,* dont on trouve des extraits dans le *Journal étranger.* Il a aussi composé deux ou trois pièces de théâtre. On trouve l'extrait de ce roman dans le *Journal encyclopédique,* de septembre 1761. » D. P

409. La Destinée, ou Mémoires de lord Kilmarnoff, traduits de l'anglois de miss Voodwill, par d'Orville. *Amsterdam et Paris, Cl. Hérissant,* 1766, 2 vol. in-12.

« Ce M. Contant d'Orville est auteur d'un grand nombre d'autres petits ouvrages : celui-ci est rempli d'une quantité d'histoires épisodiques liées à la principale, mais toutes noires, comme celles d'un autre roman que j'ai de lui. Il y règne d'ailleurs un anglicisme qui rend tout l'ouvrage peu agréable. » D. P.

410. Tom Jones, ou l'Enfant trouvé, imitation de l'anglois de M. Fielding, par M. de La Place ; 4ᵉ édit. rev. et augm. *Londres et Paris, Nyon,* 1767, 4 vol in-12, fig.

« Ce roman et sa traduction sont très estimés en France. Il y eut un arrêt du conseil qui supprima la première édition (*Londres,* 1730) avec des circonstances désagréables pour l'auteur. » D. P.

411. Aventures de Joseph Andrews, et de son ami Abrah Adam, par M. Fielding, trad. en françois, par une dame angloise; 2ᵉ édit. rev et corr. *Amsterdam, Barth. Ulam*, 1775, 2 vol. in-8.

« Cette traduction (par l'abbé Desfontaines) a eu peu de succès, quoique le roman soit par lui-même assez particulier. Il peint bien les mœurs anglaises. L'abbé Desfontaines, dans son dernier tome des *Observations sur les écrits modernes*, fit un éloge excessif de ce roman qui avait paru en anglais l'année précédente, 1742 : il dit que l'auteur s'est proposé pour modèle Michel de Cervantes, et qu'il l'égale et le surpasse : il assure que ce roman est un chef-d'œuvre de conduite. » D. P.

412. Amélie, roman de M. Fielding, traduit de l'anglois par madame Riccoboni; nouv. édit. *Paris, Humblot*, 1775, 2 vol. in-12.

« Madame de Riccoboni a altéré l'original anglais, mais elle a rendu le roman plus agréable, d'autant plus qu'elle a pris la liberté d'abréger quelques détails peu intéressants. » D. P.

413. Lettres angloises, ou Histoire de miss Clarisse Harlove ; nouv. édit. augm. de l'Éloge de Richardson, des Lettres posthumes et du Testament de Clarisse. *Paris, libraires associés*, 1777, 14 vol. in-12, fig.

« L'abbé Prévost n'a point traduit ce roman en entier ; il en a supprimé les morceaux qu'il a imaginé ne devoir point amuser les lecteurs français, entre autres le récit de l'enterrement de Clarisse. L'abbé Arnaud y a suppléé en l'insérant dans le *Journal étranger*, janvier 1762. Ce morceau est bien touchant, mais il est bien noir. » D. P.

414. Nouvelles lettres angloises, ou l'Histoire du chevalier Grandisson, par l'auteur de Paméla et de Clarisse. *Amsterdam*, 1776, 4 vol. in-12.

« Ce roman en lettres est très intéressant. Il est traduit par l'abbé Prévost, et l'original est de Richardson. La conclusion est de l'abbé Prévost même, et non de l'auteur anglais. La première édition de l'original est de *Londres*, 1750, in-12. Il y a une édition de ce roman singulièrement accommodé : c'est *Grandisson spiritualisé par Théophile*. La pieuse fille ou tendre folle qui publie cet ouvrage a tiré du roman de *Grandisson* et de la scène du mariage du chevalier avec sa maîtresse une allégorie sur le bonheur de l'Épouse mystique avec le Sauveur du monde ! » D. P.

415. * Maria, ou les Véritables mémoires d'une dame illustre, traduit de l'anglois. *Londres et Paris, Bauche*, 1765, 2 vol. in-12.

« Chercher quels sont le traducteur et l'auteur anglais de ce roman. Mais quant au roman, c'est le même, à ce que dit un avertissement, qui a été imprimé en Hollande sous le titre de *Marianne, ou la Nouvelle Paméla*. Au reste, l'ouvrage est assez intéressant dans quelques endroits, mais il est long et ses événements ne sont pas trop bien amenés. Cette dernière traduction est d'une demoiselle de qualité qui a fait les *Lettres de mademoiselle de Jussy* : je ne sais pas son nom. » D. P.

416. Les Deux orphelins, histoire angloise. *Londres et Paris, Pissot*, 1769, in-12.

« Ce roman est vraiment traduit ou imité de l'anglais ; l'original a été imprimé en 1759 et l'on y a trouvé des grâces et de l'esprit ; il a eu du succès en Angleterre. Il ne faut pas le confondre avec un autre roman anglais d'une mademoiselle Heywood, qui porte à peu près le même titre, mais qui est bien inférieur à celui-ci. » D. P.

417. Le Ministre de Wakefield, histoire sup-
posée écrite par lui-même *Londres et Paris,
Pissot*, 1767, 2 vol. in-12.

Traduit de l'anglais de Goldsmith, par Rose et madame de
Montesson.

« Ce roman est sage et n'est pas noir. Ce ministre est un
homme de bien à qui il arrive des événements heureux ou
fâcheux, dont il tire parti pour l'instruction de sa famille. Il
y a de très bonnes réflexions. » D. P.

418. *Mémoires de milady de Varmonti, traduits ou imités de l'anglois, par M. le comte
de M... *Londres*, 1778, in-12.

Trad. par le comte de Montagnac.

419. Les Deux mentors, traduction libre de
l'anglois de M de M..., par M. de la P***.
Amsterdam et Paris, 1785, 2 vol. in-12, br.

Trad. par de la Place.

M. *Romans italiens, espagnols, allemands.*

420. Contes de J. Bocace, trad. nouv. *Londres*, 1779, 10 vol in-18, fig.

Trad. par Sabatier de Castres, d'après la traduction d'A. Le
Maçon.

« Cette nouvelle traduction est châtrée. » D. P.

421. Les Facétieuses nuits de Straparole, contenant plusieurs beaux contes et énigmes,
trad. d'ital en françois, par P. de Larivey,

Champenois. *Amsterdam, J. Fréd. Bernard,* 1725, 2 vol. in-12.

« Cette traduction est de deux traducteurs : Jean Louveau, pour le commencement, et Pierre Larivey, pour la suite. Il y a un grand nombre de traductions des *Nuits de Straparole.* Celle-ci, qui n'est que la cinquième, prouve le grand succès qu'ont eu ces nouvelles, qui pourtant ne sont ni facétieuses ni plaisantes. L'ouvrage est réimprimé ici avec des remarques curieuses. Je crois que c'est M. Gueullette l'éditeur. » D. P.

422. Les Désespérés, histoire héroïque ; nouv. traduct. de l'italien du célèbre J. A. Marini, sur la 10ᵉ édit. de Venise. *Paris, P. Prault,* 1732, 2 vol. in-12.

« C'est une traduction libre de *le Gare de Desesperati.* Le traducteur est M. de la Serre, dont j'ai parlé à l'occasion de ses opéras, et particulièrement de celui de *Pyrame et Thisbé.* Il est mort fort âgé en 1756, à quatre-vingt-quatorze ans. Il est auteur d'un autre roman intitulé : *Hypalque, prince scythe,* imprimé en 1727. » D P.

423. *Œuvres choisies de don François de Quevedo, traduites de l'espagnol en trois parties, contenant le Fin matois, les Lettres du chevalier de l'Épargne, la Lettre sur les qualités du mariage, etc. *La Haye et Paris,* 1776, 3 vol. in-12.

Trad. par d'Hermilly et Rétif de la Bretonne.

424. Les Principales aventures de l'admirable Don Quichotte, représentées en figures, par Coypel et Picart le Romain ; tiré de l'original espagnol de Miquel Cervantes. *La Haye et Paris, Bleuet,* 1774, 2 vol. in-8, fig.

425. Histoire de l'admirable et incomparable Don Quichotte de la Manche ; nouv. édit. revue avec soin sur l'original de Michel Cervantes. *Paris, veuve Duchesne,* 1777, 4 vol. in-12, fig.

Trad. et abrégé par d'Hermilly.

426. Aventures et espiègleries de Lazarille de Tormes, écrites par lui-même : nouv. édit. *Paris, Cailleau,* 1765, in-12, fig.

Traduit de Diego Hurtado de Mendoça.
« Ce livre, très plaisant et très ridicule, a eu un grand succès, même en français. La première édition de la traduction anonyme est de Bruxelles, 1698. » D. P.

427. Le Diable boiteux ; nouv. édit augm. d'une Journée des Parques et des Béquilles du diable, par M. Le Sage. *Paris, Musier,* 1779, 2 vol. in-12, fig.

« La première édition est de 1707. L'abbé Lenglet dit que le premier volume est le meilleur, parce qu'il est véritablement traduit de l'espagnol, et que le second est moins bon. parce qu'il est tout de l'imagination de M. Le Sage. » D. P.

428. Histoire d'Estevanille Gonzalez, surnommé le Garçon de bonne humeur, tirée de l'espagnol, par M. Le Sage. *Paris, Musier fils,* 1767, 2 vol. in-12.

429. Werther, trad. de l'allemand. *Maestricht, J. E. Dufour,* 1784, 2 vol. in-12, br.

Trad. de Goethe, par Deyverdun.

430. Sigevart, dédié aux âmes sensibles, roman trad. de l'allemand, par M. de La Vaux. *Genève, Paul Barbe*, 1785, 2 vol. in-8, br.

N. *Collections de romans.*

431. * Bibliothèque universelle des romans, ouvrage périodique dans lequel on donne l'analyse raisonnée des romans anciens et modernes, françois ou traduits dans notre langue, avec des anecdotes et des notices. *Paris, Demonville*, 1775-80, 44 vol. in-12.

Par le marquis de Paulmy, ses secrétaires et ses amis.

432. Recueil de romans historiques. *Londres,* 1746, 8 vol. in-12.

Publié par l'abbé Lenglet du Fresnoy.

433. Histoire des favorites, contenant ce qui s'est passé de plus remarquable sous plusieurs règnes, par madame de la Rocheguilhen ; nouv. édit. rev. et augm. *Amsterdam, aux dépens de la Compagnie, s. d.*, in-8.

« L'abbé Lenglet en cite trois éditions, 1697, 1703 et 1708, toutes d'Amsterdam, 2 vol. en 1. Ce recueil est composé de dix histoires, parmi lesquelles les moins communes sont celles de Marie de Padille, Léonore Tellés, Julie Farnèse, Marosie et Nantilde. Le style n'en est ni agréable ni correct. L'auteur a fait aussi deux autres romans : les *Aventures grenadines*, 1710, et *Ariovisle*, 1696. » D. P.

G 3

434. Les Illustres Françoises, histoires véritables; nouv. édit. corr et augm. *Lille, J. Leshoucq,* 1780, 4 vol. in-12.

Par Robert Challes.

« La première édition est de 1713. Ces histoires sont beaucoup plus intéressantes que bien écrites : on en a tiré *Dupuy et Desronais*, et la tragédie bourgeoise de *Sylvie*, la première qui ait paru sur le Théâtre-Français. » D. P.

435. Histoires tragiques et galantes *Paris, Briasson,* 1752, 3 vol. in-12.

Recueil d'histoires, par divers auteurs, imprimées déjà séparément.

« Voyez dans l'abbé Lenglet (*Bibliothèque des romans,* p. 56) un détail de ce recueil et le jugement de l'abbé sur toutes les nouvelles y contenues. » D. P.

436. Choix d'histoires tirées de Bandel, Italien ; de Belleforest ; de Boistuau, dit Launai ; nouv. édit., par M. Feutry. *Paris, Bastien,* 1779, 2 vol. in-12.

437. Amusemens des dames, ou Recueil d'histoires galantes tirées des meilleurs auteurs de ce siècle. *La Haye, aux dépens de la Compagnie,* 1762, 2 vol. in-12.

« Dernières sottises de M. Chevrier, mort cette même année, 1762. La méchanceté de son caractère, qui jouait très bien dans cet ouvrage, l'a fait périr misérablement, à ce que je crois, à La Haye. » D. P.

438. Les Cent Nouvelles nouvelles, par madame de Gomez. *Paris,* 1735-37, 18 vol. in-12.

« Ces 20 volumes (édit. de *La Haye, Dehondt,* 1733 et suiv.), dont le dernier est imprimé en 1739, forment une petite partie des productions de la féconde imagination de madame de Gomez, fille de Poisson. Il y a plus d'une de ces nouvelles, qui a été réimprimée depuis comme nouveau roman, ou qui en a fourni le sujet, et même à des tragédies et comédies. Il y a cent nouvelles, mais elles ne font pas tout à fait cent histoires, parce qu'il y en a quelques-unes divisées en plusieurs nouvelles. » D. P.

439. Les Journées amusantes, par madame de Gomez; 8e édit. rev. et corr. *Amsterdam, Compagnie des libraires*, 1772, 4 vol. in-12; fig.

« Ce recueil est divisé en huit journées. Il passe pour le meilleur ouvrage de madame de Gomez. La première édition est de 1722. Il n'avait alors que six parties. L'auteur l'a poussé ensuite à sept et enfin à huit. Il a été traduit en italien à Venise, 1758, et en allemand à Berlin, 1761. Dans ces huit tomes, les histoires sont au nombre de dix-huit, et surtout dans le premier volume elles sont entremêlées de réflexions, etc., qu'il faut passer, surtout les plates instructions d'une mère à sa fille. Quant aux histoires, je ne peux parler que de celle de la comtesse de Ponthieu, qui est singulière, assez amusante et fort peu vraisemblable, et de celle de Jean de Calais, tirée d'un ancien roman de la Bibliothèque bleue. » D. P.

440. * Amusemens des Eaux de Spa; nouv. édit. *Amsterdam, P. Mortier*, 1752, 4 vol. in-12, fig.

« Cet ouvrage est très connu. C'est le premier de ce genre. On sait assez que les Eaux de Spa sont situées dans le pays de Liége. L'auteur est un M. Limbourg (du moins de la dernière édition de 1762). Il est, de père en fils, médecin à ces Eaux. Son père et son grand-père avaient fait sur ces Eaux des observations médicinales qui sont refondues et traduites dans l'édition de 1762. » D. P.

441. Amusemens des Eaux d'Aix-la-Chapelle,

enrichi de tailles-douces qui représentent les
rues et perspectives de cette ville, de ses
bains et fontaines, églises et édifices publics.
par l'auteur des Amusemens des Eaux de
Spa. *Amsterdam, P. Mortier*, 1736, 3 vol.
in-12, fig.

« Ce livre est aussi agréable que le précédent, et, à quelques
égards, plus intéressant. On prétend que l'auteur est un
M. Hecquet, neveu du médecin. » D. P.

442. Œuvres complettes de Crébillon fils ;
nouv. édit. rev. et corr. *Maestricht, J. E.
Dufour et Phil. Roux*, 1779, 11 vol. in-12.

« Le *Sopha* a médiocrement rempli l'attente du public. Les
romans de M. Crébillon ont toujours été en baissant depuis
les *Égarements du cœur et de l'esprit.* » D. P.

443. Épreuves du sentiment, par M. d'Arnaud.
Paris, Le Jay et Delalain, 1772-80, 5 vol.
in-8, fig.

« Le roman de *Selicourt* est aussi intéressant que les
autres de M. d'Arnaud, sans être aussi noir : il finit cependant par le désespoir de madame d'Armilly, principal personnage du roman. Cette nouvelle et plusieurs autres se retrou-
vent dans la suite des Œuvres et romans de M. d'Arnaud, qui
ont paru séparément à diverses époques, et qu'on réimprima
sous le titre d'*Épreuves du sentiment.* » D. P.

444. Œuvres d'Arnaud : Nouvelles historiques,
tome Ier. *Paris, Delalain*, 1774, in-8, fig.

445. * Les Contemporaines, ou Aventures des
plus jolies femmes de l'âge présent, recueillies par N..., et publiées par Timothée Joly,

de Lyon, dépositaire de ses manuscrits.
Leipsick, Büschel, 1780, 16 vol. in-12, fig.

Par Rétif de la Bretonne.

IV. — FACÉTIES ET SATIRES.

446. Histoire secrette de Néron, ou le Festin
de Trimalcion, traduit de Pétrone, avec notes historiques, par M. Lavaur. *Paris,
E. Ganeau*, 1726, 2 part. en 1 vol. in-12.

447. Les Bigarrures et Touches du seigneur
des Accords, et les Apophthegmes du sieur
Gaulard, et les Escraignes dijonnoises ; dernière édit. rev. et nouv. augm. *Rouen, L. Du-
mesnil*, 1640, in-12.

Par Tabourot.

448. Les Tours de maître Gonin. *Amsterdam.
L. Renard*, 1713, 2 vol. in-12.

Par l'abbé Bordelon.
« Cet auteur infatigable d'ouvrages médiocres naquit à
Bourges en 1653, et mourut à Paris en 1730. Il était docteur
en théologie et chapelain de N. D. Il avait été précepteur du
président de Lubert, chez qui il demeurait. Il était oncle de
Prault, libraire. »

449. Les Divertissemens de Sceaux. *Trévoux
et Paris, Ét. Ganeau*, 1712, in-12.

Par Malézieux et l'abbé Genest.

450. Lés Coudées franches, ouvrage satirique

et curieux. *Paris, P. Prault*, 1723, in-12.

Par l'abbé Bordelon.

« Bavardage de tout genre, parmi lequel il y a quelque chose de singulier. » D. P.

451. Le Chef-d'œuvre d'un inconnu, poëme heureusement découvert et mis au jour avec des remarques savantes et recherchées par le docteur Chrysostome Mathanasius ; nouv. édit. augm. d'une dissertation sur Homère et sur Chapelain. *Londres*, 1758, 2 vol. in-12.

Par Thémiseul de Saint-Hyacinthe.

« Cette plaisanterie sur les savants tombait principalement sur M. et Mme Dacier, et sur leurs remarques sur Horace et sur Homère. » D. P.

452. La Vie du fameux père Norbert, ex-capucin, connu sous le nom de l'abbé Platel, par l'auteur du Colporteur. *Londres, J. Nourse*, 1762, in-12.

Par Chevrier.

453. Les Étrennes de la Saint-Jean ; 4e édit. rev. et augm. *Troyes, veuve Oudot*, 1757, in-12.

Par le comte de Caylus et ses amis.

« La toute première édition est sans date. Les auteurs, qui sont plusieurs et tous gens d'esprit, et connus, ont ensuite beaucoup augmenté ce recueil, qui est une plaisanterie très agréable. » D. P.

454. Voyage de Paris à Saint-Cloud par mer.

et retour par terre ; 4ᵉ édit. rev. et augm. *Paris, Duchesne*, 1762, in-12.

« Ce petit ouvrage est plaisant et naïf. L'auteur, M. Néel, est mort en 1754. Il a fait beaucoup de petites pièces, l'Histoire du comte de Saxe, et celle de Louis, duc d'Orléans. Je ne sais pas si le *Retour*, qui est ici joint à ce Voyage, n'est pas aussi de lui. » D. P.

455. Œuvres badines et morales de M... *Amsterdam et Paris, Esprit*, 1776, 2 vol. in-8, fig.

Par Cazotte.

« L'auteur est vivant. *Olivier* est un de ses plus jolis ouvrages : quoiqu'il soit intitulé *poëme*, c'est un roman de chevalerie, mais dont le fond est tout entier de l'imagination de M. Cazotte. Il y a des situations très plaisantes, et en tout il est très gai. » D. P.

456. Almanach des gens d'esprit, par un homme qui n'est pas sot, pour l'an 1763, et le reste de la vie. *Toujours à Londres, chez l'éternel M. J. Nourse*, 1763, in-12.

Par Chevrier.

457. Considérations sur les mœurs de ce siècle, par M. du Clos ; 6ᵉ édit. *Paris, Prault*, 1772, in-12.

458. Le Colporteur, histoire morale et critique, par M. de Chevrier. *Londres, J. Nourse, s. d.*, in-8.

« Ce livre a été imprimé en 1753. M. Chevrier a pris dans plusieurs autres ouvrages ce titre. Il contient quelques anecdotes assez plaisantes. » D. P.

V. — ÉPISTOLAIRES.

459. Lettres de Ninon de Lenclos au marquis de Sévigné, avec sa vie ; nouv. édit. rev. *Amsterdam et Paris, Bauche.* 1768, 2 vol. in-12.

Publ. par Damours.

460. Recueil des lettres de madame la marquise de Sévigné à madame la comtesse de Grignan sa fille ; nouv. édit. augm. *Paris, Compagnie des libraires,* 1775, 8 vol. in-12.

461. Les Lettres de M. Roger, comte de Rabutin. *Paris, veuve Delaunay,* 1737, 7 vol. in-12.

462. Lettres nouvelles de M. Boursault, accompagnées de fables, contes, épigrammes, remarques, avec seize lettres amoureuses d'une dame à un cavalier ; nouv. édit. *Paris, Nic. le Breton,* 1738, 3 vol. in-12.

463 Lettres historiques et galantes, par madame de C..., ouvrage curieux ; nouv. édit. rev. et corr. *Londres, J. Nourse,* 1757, 9 vol. in-18.

Par madame Dunoyer.

464. Lettres chinoises, ou Correspondance philosophique, historique et critique entre un Chinois voyageur et ses correspondans à la

Chine, en Moscovie, en Perse et au Japon ;
nouv. édit, augm. *La Haye, P. Paupie*, 1755,
6 vol in-12.

Par le marquis d'Argens.

465. Lettres juives, ou Correspondance philosophique , historique et critique , etc. *La
Haye, P. Paupie*, 1764, 8 vol. in-12.

Par le marquis d'Argens.

466. Lettres cabalistiques, ou Correspondance
philosophique, historique et critique entre
deux Cabalistes, divers Esprits élémentaires
et le seigneur Astaroth ; nouv. édit. augm.
La Haye, P. Paupie, 1769, 7 vol. in-12.

Par le marquis d'Argens.

VI. — POLYGRAPHES.

467. Œuvres de Scarron ; nouv. édit. rev.,
corr. et augm. de l'histoire de sa vie et de
ses ouvrages, d'un Discours sur le style bur-
lesque et de quantités de pièces omises dans
les éditions précédentes. *Amsterdam J.
Wetstein*, 1752, 7 vol. in-12.

468. Œuvres de M. de Saint-Évremond, avec
la vie de l'auteur, par M. de Maizeaux ; nouv.
édit. *S. n.*, 1740, 7 vol. in-12, fig.

469. Œuvres de Nicolas Boileau Despréaux.
avec des éclaircissemens historiques don-

H 1

nés par lui-même ; nouv. édit. rev., corr.
et augm. *La Haye, Isaac Vaillant,* 1722,
4 vol in-12, fig.

470. Recueil de pièces galantes, en prose et en
vers, de madame la comtesse de la Suze et
de M. Pélisson ; nouv. édit. à laquelle on a
joint le Voyage de Bachaumont et La Chapelle, les Poésies du chevalier d'Aceilly ou
de Cailly, et les Visionnaires, comédie de
Jean Desmarets. *Trévoux, par la Compagnie,*
1742, 5 vol. in-12.

471. Œuvres de madame et mademoiselle
Deshoulières ; nouv. édit. augm. de leur éloge
historique. *Paris, libraires associés,* 1754,
2 vol. in-12.

472. Œuvres diverses de M. de La Fontaine ;
nouv. édit. *Paris, Leclerc,* 1758, 4 vol.
in-12.

473. Œuvres d'Étienne Pavillon, considéra-
blement augmentée. *Amsterdam, Zacharie
Chastelain,* 1750, 2 vol. in-12.

474. Œuvres de Jean-Baptiste Rousseau ;
nouv. édit. rev., corr. et augm., par M. Se-
guy. *Bruxelles et Paris,* 1753, 4 vol. in-12.

475. Œuvres mêlées de madame de Gomez,
contenant ses différents ouvrages en vers et
en prose. *Paris, Guill. Saugrain,* 1724,
in-12.

476. Œuvres de madame de Villedieu. *Paris, Roslin fils,* 1741, 12 vol. in-12.

477. Œuvres de M. Houdar de la Motte. *Paris, Prault,* 1754, 11 vol. in-12.

478. Œuvres mêlées de M. l'abbé Nadal. *Paris, Briasson,* 1738, 3 vol. in-12.

479. Œuvres diverses de M. de Marivaux. *Paris, Duchesne,* 1765, 4 vol. in-12.

480. Œuvres de M. de Moncrif; nouv. édit. *Paris, Regnard,* 1768, 4 vol. in-12, fig.

481. Les Œuvres de M. des Mahis; 1re édit. complète, publiée d'après ses manuscrits, avec son éloge historique, par M. Tresseol. *Paris Humblot,* 1778, 2 vol. in-12.

482. Œuvres complètes d'Alexis Piron, publiées par M. Rigoley de Juvigny. *Paris, Lambert,* 1776, 9 vol in-12.

483. Œuvres de Grécourt; nouv. édit. corr. et augm. *Luxembourg,* 1764, 4 vol. in-12.

484. Œuvres de M. Vadé, ou Recueil des opéras-comiques, parodies ou pièces fugitives de cet auteur, avec les airs, rondes et vaudevilles; nouv. édit. *Paris, veuve Duchesne,* 1775, 4 vol. in-12.

485. Œuvres de M. Gresset; nouv. édit. rev. et augm. *Londres, Ed. Kelmarneck,* 1765, 2 vol. in-12.

H 2

486. Œuvres de Dorat. *La Haye et Paris*, 1771, 18 vol. in-8, fig.

487. Œuvres posthumes de madame de Gra-figny, contenant Zimian et Zenise, suivi de Phaza, comédie en un acte et en prose. *Amsterdam et Paris*, 1770, in-12.

488. Œuvres de madame Riccoboni. *Paris, Humblot*, 1781, 8 vol. in-12.

489. Œuvres complettes de M. Palissot; nouv. édit. rev., corr. et augm. *Londres et Paris, J. F. Bastien*, 1779, 7 vol. in-12.

490. Œuvres complettes de M. de Voltaire. *Société littéraire typographique*, 1784, 65 v. in-8 (manquent les tomes XVI, XXIII, LII, et LIII).

491. Mes dix-neuf ans, ouvrage de mon cœur. *Kusko, Naïf*, 1772, in-12.
Par Famien du Rosoi.

492. Œuvres de M. de La Harpe *Paris, Pissot*, 1778, 6 vol. in-8.

493. Œuvres complètes d'Alex. Pope, tra-duites en françois; nouv. édit. rev., corr. et augm. du texte anglois mis à côté des meil-leures pièces, et ornée de belles gravures. *Paris, Durand*, 1780, 8 vol. in-8, fig.

HISTOIRE.

A. *Introduction. — Géographie.*

494. Bibliothèque historique à l'usage des dames, contenant un catalogue raisonné de tous les livres nécessaires pour faire un cours d'histoire en langue française. *Paris, Moutard*, 1779 et suiv., 24 vol. in-8.

Par le marquis de Paulmy et Contant d'Orville. — C'est la première partie des *Mélanges tirés d'une grande bibliothèque.*

495. Le Grand Dictionnaire géographique, historique et critique, par M. Bruzen de la Martinière; nouv. édit. corr. et amplement augm. *Paris, libraires associés*, 1768, 6 vol. in-fol. à 2 col.

496. Dictionnaire géographique portatif, ou Description des royaumes, provinces, villes, etc., traduit de l'anglois de Echard, sur la 13e édit., avec des additions et corrections considérables, par M. Vosgien; nouv. édit. *Paris, libraires associés*, 1779, in-8.

Par l'abbé Ladvocat ; augm. par Ch.-Guill. Le Clerc.

497. Abrégé de l'histoire générale des voyages, par M. de La Harpe. *Paris, hôtel de Thou*, 1780, 24 vol. in-8, fig.

H 3

498. Le Voyageur françois, ou la Connaissance de l'ancien et du nouveau monde, par ...; 4ᵉ édit. *Paris, L. Cellot*, 1772-82, 27 vol. in-12.

Par l'abbé de La Porte.

499. Voyage en Sicile et à Malthe, traduit de l'anglois de M. Brydoine, par M. Demeunier; nouv. édit. rev. *Amsterdam et Paris, Dela-lain*, 1781, 2 vol. in-12.

B. *Histoire ancienne.*

500. Considérations sur les causes de la grandeur des Romains et sur leur décadence, par M. de Montesquieu; nouv. édit. augm. du Dialogue de Scylla et d'Eucrate. *Paris, Bailly*, 1771, in-12.

501. Histoire des Vestales, ou Traité du luxe des dames romaines par M. l'abbé Nadal. *Paris, veuve P. Ribou*, 1725, in-12.

502. Histoire des révolutions arrivées dans le gouvernement de la république romaine, par M. l'abbé de Vertot. *Paris, Bailly*, 1778, 3 vol. in-12.

503. Histoire romaine de Tite-Live, traduite en françois par M. Guérin, avec les supplémens de Freinshemius; nouv. édit. rev. et corr par M. Cosson. *Paris, Brocas*, 1769-70, 10 vol. in-12.

504. Traduction complette de Tacite, avec le latin à côté. *Paris, Moutard*, 1779, 7 vol in-12.

Par l'abbé de La Bletterie et le P. Dotteville.

C. *Histoire de France.*

505. Dictionnaire universel de la France, par M. Robert de Hesseln. *Paris, Desaint*, 1771, 6 vol. in-12.

506. Dictionnaire historique des mœurs, usages et coutumes des François, contenant les établissemens, etc. *Paris, Vincent*, 1767, 3 vol. in-8.

Par de La Chesnaie des Bois.

507. Nouvel Abrégé chronologique de l'histoire de France, contenant les événements de notre histoire depuis Clovis jusqu'à Louis quatorze ; nouv. édit. rev. et augm. *Paris, Prault*, 1775, 3 vol. in-12.

Par le président Hénault.

508. Histoire de France depuis l'établissement de la monarchie jusqu'à Louis quatorze, par M. l'abbé Velly. *Paris, Saillant et Nyon*, 1769-81, 28 vol. in-12.

Continuée par Villaret et Garnier.

509. Histoire de la rivalité de la France et de l'Angleterre, par M. Gaillard. *Paris, Saillant et Nyon*, 1771, 3 vol. in-12.

510. Supplément à l'Histoire des rivalités de la France et de l'Angleterre, par M. Gaillard. *Paris, Moutard,* 1777, 4 vol. in-12.

511. Histoire de la querelle de Philippe de Valois et d'Édouard III, par M. Gaillard. *Paris, Moutard,* 1774, 4 vol. in-12.

512. Histoire du maréchal de Boucicaut, contenant les événemens de Charles VI, l'abrégé de l'Histoire du grand schisme d'Occident, et de ce qui s'est fait en Europe depuis 1378 jusqu'à 1415. *La Haye, Guill. de Voys,* 1711, in-12.

Par de Pilham.

513. Histoire de François premier, roy de France, par M. Gaillard; 2ᵉ édit. rev et augm. *Paris, Saillant et Nyon,* 1769, 8 vol. in-12.

514. Histoire des derniers troubles de France sous les règnes de Henri trois et Henri quatre. *S. n.,* 1599, in-8.

Par Pierre Mathieu.

515. L'Esprit de la Ligue, ou Histoire politique des troubles de France pendant les seizième et dix-septième siècles, par M. Anquetil; 2ᵉ édit. corr. et augm. *Paris, Delalain,* 1771, 3 vol. in-12.

Par Anquetil.

516. L'Esprit de Henry quatre, ou Anecdotes les plus intéressantes, et quelques lettres de

ce prince ; nouv. édit. augm. *Paris, Prault,* 1775, in-8.

Par Prault.

517. Mémoires de Maximilien de Béthune, duc de Sully, mis en ordre avec des remarques, par M. L. D. L. D. ; nouv. édit. rev et corr. *Londres,* 1778, 8 vol. in-12.

Publ. par l'abbé de l'Écluse.

518. L'Intrigue du cabinet sous Henry IV et Louis XIII, terminée par la Fronde, par M. Anquetil. *Paris, Moutard,* 1780, 4 vol. in-12.

519. Histoire du règne de Louis treize, roy de France, par M. Michel le Vassor ; 3ᵉ édit. rev. et corr. *Amsterdam, P. Brunel,* 1701, 25 vol in-12.

520. Mémoires pour servir à l'histoire d'Anne d'Autriche, épouse de Louis XIII, par madame de Motteville. *Amsterdam, Fr. Chanquion,* 1723, 5 vol. in-12.

521. L'Esprit de la Fronde, ou Histoire politique et militaire des troubles de France pendant la minorité de Louis quatorze. *Paris, Moutard,* 1772, 5 vol. in-12.

Par Mailly.

522. Mémoires du cardinal de Retz, contenant tout ce qui s'est passé de remarquable en France pendant les premières années du

règne de Louis XIV. *Genève, Fabry-Barillot*, 1777, 6 vol in-12.

523. Mémoires de mademoiselle de Montpensier; nouv. édit. *Maestricht, J. E. Dufour*, 1776, 8 vol in-12.

524. Histoire du règne de Louis XIV, par M. Reboulet. *Amsterdam, Zacharie Châtelain*, 1756, 9 vol. in-12.

525. Mémoires pour servir à l'histoire de madame de Maintenon et à celle du siècle passé, par M. de la Beaumelle ; nouv. édit. augm. de remarques critiques de M de Voltaire. *Maestricht, J. E. Dufour*, 1778, 16 vol. pet. in-12.

526. Histoire de la maison de Bourbon, par M. Desormeaux. *Paris, de l'Imprimerie royale*, 1772, 2 vol. in-4, fig.

527. Les Vies des hommes illustres de la France, depuis le commencement de la monarchie jusqu'à présent, par d'Aubigny. *Amsterdam et Paris, Knapen*, 1769 et suiv., 26 vol in-12.

Par l'abbé Pérau, à partir du tome XIII.

528. Vie de Jérôme Bignon, par M. l'abbé Pérau. *Paris, T. Hérissant*, 1757, in-12.

529. Dictionnaire pittoresque et historique, ou Description d'architecture. peinture, sculpture, gravure, histoire naturelle, antiquités

et dates des embellissements et monuments de Paris, Versailles, Marly, etc., par M. Hébert. *Paris, Cl. Hérissant,* 1766, 2 vol. in-12.

530. Voyage pittoresque de Paris, ou Indication de tout ce qu'il y a de plus beau dans cette ville en peinture, sculpture et architecture, par M. D*** ; 6ᵉ édit. *Paris, de Bure,* 1778, in-12, fig.

Par Dezaillier d'Argenville.

531. Dictionnaire historique de la ville de Paris et de ses environs, etc., par Hurtaut et Magny. *Paris, Moutard,* 1779, 4 vol. in-8.

532. Essais historiques sur Paris, par M. de Saint-Foix ; 5ᵉ édit. *Paris, veuve Duchesne,* 1776, 7 vol. in-12.

533. Voyage pittoresque des environs de Paris, ou Description des maisons royales, châteaux et autres lieux de plaisance, situés à quelques lieues aux environs de Paris, par M. D...; 4ᵉ édit. corr. et augm. *Paris, Debure l'aîné,* 1779, in-12.

Par Dezaillier d'Argenvil'e.

D. *Histoire des religions et des États de l'Europe.*

534. Dictionnaire historique des cultes religieux établis dans le monde depuis son origine jusqu'à présent, les différentes manières

d'adorer la Divinité, etc., l'histoire abrégée des dieux et les sectes et hérésies principales, etc., par M. de La Croix ; nouv. édit. *Paris, Vincent,* 1776, 3 vol. in-8, fig.

535. Histoire de l'Église, par Bercastel. *Paris, Moutard,* 1778, 12 vol. in-8.

536. Dictionnaire historique et géographique portatif de l'Italie, contenant une description des royaumes, des républiques, États, etc., ensemble l'histoire des rois, papes, écrivains, artistes, guerriers, etc. *Paris, Humblot,* 1771, 2 vol. in-8.

Par Masson de Morvilliers?

537. La Promenade utile et récréative de deux Parisiens en 16ᵉ jours. *Avignon et Paris, Vente,* 1768, 2 vol. in-12.

Par Brussel.

538. Essai sur l'histoire de la maison d'Autriche, par Girecourt. *Paris, Moutard,* 1778, 6 vol. in-12.

539. L'Histoire du règne de l'empereur Charles-Quint, par Robertson, traduit de l'anglois. *Amsterdam et Paris, Saillant,* 1771, 6 vol in-12.

Trad. par Suard.

540. Mémoires instructifs : 1° Sur la vacance du trône impérial ; 2° les Droits des électeurs de l'Empire ; 3° la Capitulation impé-

riale; 4° l'Élection, le Serment et le Cou-
ronnement; 5° Additions de la capitulation
perpétuelle et du suffrage de Bohême, par le
baron de D***. *Amsterdam*, *P. Mortier*,
1745, in-12.

Par Jean Rousset.

541. Histoire des révolutions d'Espagne depuis
la destruction de l'empire des Goths jusqu'à
l'entière et parfaite réunion des royaumes de
Castille et d'Aragon en une seule monarchie,
par le P. Joseph d'Orléans ; revue, continuée et publiée par les PP. Rouillé et Bru-
moy ; nouv édit *Paris, Rollin fils*, 1737,
5 vol. in-12.

542. Révolutions de Portugal, par M. l'abbé
de Vertot; nouv. édit. rev. et augm. *Paris,
libraires associés*, 1773, in-12.

543. Histoire des révolutions de Suède, où
l'on voit les changements qui sont arrivés
dans ce royaume, au sujet de la religion et
du gouvernement, par M l'abbé de Vertot.
Paris, Nyon, 1768, 2 vol. in-12.

544. Histoire du parlement d'Angleterre. *S.
n. et s. d.*, 2 vol. in-8.

Par l'abbé Raynal?

545. Histoire du stathoudérat depuis son origine jusqu'à présent, par M. l'abbé Raynal;
6ᵉ édit. *S. n*, 1750, 2 vol. in-8.

I 1

546. Histoire des chevaliers hospitaliers, chevaliers de Malthe, par M. l'abbé Vertot : nouv édit. augm des statuts de l'ordre. *Paris, Rabuly*, 1772, 7 vol. in-12.

E. *Biographie.*

547. Dictionnaire généalogique, héraldique, chronologique et historique, contenant l'origine de l'état actuel des premières maisons de France, des maisons souveraines et principales de l'Europe, les noms des provinces, villes, terres, etc., érigées en principautés, duchés, etc., par M. D. L. C. D. B. *Paris, Duchesne*, 1757-65. 7 vol. in-8.

Par de La Chesnaie des Bois.

548. Dictionnaire historique et bibliographique portatif, contenant l'histoire des patriarches, des princes hébreux, des empereurs, des rois, etc, par M. l'abbé l'Advocat : nouv. édit. *Paris, Leclerc*, 1777, 3 vol. in-8.

549. Dictionnaire historique et critique, ou Recherches sur la vie, le caractère, les mœurs et les opinions de plusieurs hommes célèbres, tirées des Dictionnaires de MM. Bayle et Chauffepié, par M. de Bonnegarde. *Lyon, Baret*, 1771, 4 vol. in-8.

550. Nouveau Dictionnaire historique, ou Histoire abrégée de tous les hommes qui se sont

fait un nom par le génie, les talents, les vertus, les erreurs, etc , depuis le commencement du monde jusqu'à nos jours, par une
société de gens de lettres; 4ᵉ édit. enrichie
d'augmentations. *Caen et Paris*, G. *Le Roy*.
1779, 6 vol. in-8 (2 exempl.).

Par Chaudon.

551. Dictionnaire des portraits historiques,
   anecdotes et faits remarquables des hommes
   illustres. *Paris, Lacombe*, 1768, 3 vol. in-8.

   Par Lacombe de Prézel.

552. Gallerie de portraits, ou Portraits des
   hommes illustres qui ont paru depuis les Romains, tirés des plus célèbres auteurs françois *Paris et Dijon, Delalain*, 1768, in-8.

   Par Lacombe de Prézel.

553. Dictionnaire historique portatif des femmes célèbres. *Paris, L. Cellot*, 1769, 2 vol.
   in-8.

   Par J. F. de La Croix.

554. Les trois siècles de la littérature françoise, ou Tableau de l'esprit de nos écrivains
   depuis François premier jusqu'en 1779, par
   M. l'abbé ..., de Castres. 4ᵉ édit. augm. *La
   Haye et Paris, Moutard*, 1779, 4 vol.
   in-12.

   Par Sabatier de Castres.

I 2

F. *Extraits historiques.*

555. Bibliothèque choisie et amusante. *Amsterdam, aux dépens de la Compagnie*, 1749-50, 6 vol. in-12.

Par Du Port du Tertre?

556. * Bibliothèque de campagne, ou les Amusemens du cœur et de l'esprit. *Amsterdam et Paris, veuve Duchesne*, 1767, 24 vol. in-12.

Publ. par l'abbé de La Porte?

557. * Nouvelle Bibliothèque de campagne, ou choix d'épisodes intéressans et curieux tirés des meilleurs romans tant anciens que nouveaux *Amsterdam, et Paris, Changuion*, 1776, 10 vol. in-12.

558. Nouvelle bibliothèque d'un homme de goût, ou Tableau de la littérature ancienne et moderne, étrangère et nationale. *Paris, Duchesne*, 1774, 4 vol. in-12.

Par l'abbé de La Porte.

559. Dictionnaire portatif des faits et dits mémorables de l'histoire ancienne et moderne *Paris, Vincent*, 1768, 2 vol. in-8.

Par J. F. de La Croix.

560. Dictionnaire d'anecdotes, de traits singuliers et caractéristiques, historiettes, bons
mots, naïvetés, etc., nouv. édit augm. *Paris, Lacombe*, 1767, 2 vol in-8.

Par Jacq. Lacombe.

561. Anecdotes arabes, américaines, chinoises,
ecclésiastiques, espagnoles, françoises, ger-
maniques, africaines, romaines, du Nord,
orientales et des républiques. *Paris, Vincent.*
1772, 18 vol. in-12.

Par J. F. de La Croix, Dubois-Fontanelle, J. Castillon, etc.

I 3

LISTE

DES LIVRES

ABSENTS, ÉGARÉS OU VOLÉS

LORS DE L'INVENTAIRE DE LA BIBLIOTHÈQUE
EN 1793 (1).

SCIENCES ET ARTS.

1. Mémoire au Roi, contenant la réclama-
tion de Simon-Nicolas Henri Linguet, actuellement pendante au parlement de Paris.
Paris, 1786, in-8.

2. Le Moraliste mesmérien, ou Lettres philo-

(1) Nous n'avons pas reproduit textuellement le catalogue
des Livres du boudoir, d'après l'exemplaire original conservé
à la Bibliothèque impériale : c'eût été faire double emploi avec
le volume publié par M. Louis Lacour. Il nous a semblé,
comme à l'éditeur de ce catalogue, que leurs titres sommaires
devaient être complétés et souvent rectifiés. M. Louis Lacour
nous avait, à cet égard, épargné une partie de la besogne ;
mais, en donnant aux articles qui composent ledit catalogue un
nouvel ordre bibliographique, nous nous sommes attaché à les
décrire aussi exactement que possible. La plupart de ceux qui
avaient échappé aux recherches de notre savant devancier, se
retrouveront dans notre travail. Nous avons aussi évité quelques

sophiques sur l'influence du magnétisme. *Londres et Paris, Belin*, 1784, in-8.

Par Salaville.

3. L'École de la miniature, ou l'Art d'apprendre à peindre sans maître, et les secrets pour faire les plus belles couleurs ; nouv. édit. *Paris, Musier*, 1782, in-12.

Par Ch. Ballard.

4. Théorie des jardins, ou l'Art des jardins et de la Nature. *Paris, Pissot*, 1776, in-8.

Par Morel.

POÉSIE.

5. Fables nouvelles, allégoriques et philosophiques, par Dorat. *Paris, Delalain*, 1773, in-8, fig. d'Eisen et de Marillier.

6. Mes nouveaux torts, ou Nouveau mélange de poésies pour servir de suite aux Fantai-

erreurs que rendait impossibles la découverte des dates de publication, pour différents ouvrages mis au jour postérieurement à la mort de Marie-Antoinette. Par exemple : *Euphémie, nouvelle*, ne peut pas être *Euphémie, histoire française*, imprimée dans les *Contes et nouvelles en prose*, de Villemain d'Abancourt (Paris, Mathiot, 1810, 5 vol. in-12) ; l'*Homme comme il y en a peu* n'est certainement pas *Monsieur Ménard, ou l'Homme comme il y en a peu*, de madame de Lagrave (Paris, André, 1802, 3 vol. in-12), etc. Nous ne remercierons pas moins M. Louis Lacour d'avoir pris à sa charge la plus grande partie de cette tâche difficile, qui consiste à refaire un bon catalogue descriptif avec des titres de livres, abrégés, estropiés ou défigurés.

sies, par Cl. Jos. Dorat. *Amsterdam et Paris,*
1776, in-8, fig.

7. Œuvres du chevalier de Boufilers *Londres et Paris,* 1786, in-12.

8. Mes Souvenirs, et autres opuscules poéti-
ques. *Caen et Paris, Belin,* 1786, in-8.
Par Le Gay.

9. Discours en vers, adressés aux officiers et
aux soldats des différentes armées américaines, par David Humphreys, traduit de l'anglois. *Paris, Prault,* 1786, in-8.
Trad. par le marquis de Chastellux.

10. La Mort d'Abel, en allemand et en françois.
Poëme, trad. de Gessner.

THÉATRE.

11. La Révolution de Portugal, tragédie. *Amsterdam,* 1775, in-8.
Par le baron de Marguerittes.

12. Albert premier, ou Adeline, comédie hé-
roïque en trois actes et en vers. *Paris, Le
Jay,* 1775, in-8.
Par Leblanc de Guillet.

13. Nadir, ou Thamas Koulikan, tragédie en
cinq actes, par M. D. B. *Paris, Jombert,*
1780, in-8.
Par Du Buisson.

14. Le Fou raisonnable, ou l'Anglois, comédie en un acte, par J. Patrat. *Paris, Bastien.* 1781, in-8.

15. La Destruction de la Ligue, ou la Réduction de Paris, pièce nationale en quatre actes, par Mercier. *Amsterdam,* 1782, in-8.

16 Zoë, drame en trois actes, par Louis-Sébas Mercier. *Neufchâtel,* 1782, in-8.

17. La Folle journée, ou le Mariage de Figaro, par M. de Beaumarchais. *Paris, veuve Duchesne,* 1784, in-8, fig.

18. Montesquieu à Marseille, pièce en trois actes, par L. S. Mercier. *Lausanne,* 1784. in-8.

19. L'Habitant de la Guadeloupe, comédie en quatre actes et en prose, par Mercier. *Paris, Poinçot,* 1785, in-8.

20. Théâtre de famille, ou Recueil de comédies, pièces, farces, parodies, opéras-comiques et divertissemens du chevalier du Coudray. *Paris. Durand,* 1777, 2 part. in-8.

21. Les Amans réservés, comédie en cinq actes et en prose, par M. Steele, l'un des principaux rédacteurs du Spectateur, représentée pour la première fois à Londres, en 1722, traduite de l'anglois, par M. ***. *Paris, Ruault,* 1778, in-8.

Trad par Quétant.

ÉPISTOLAIRES.

22. Lettres intéressantes sur diverses matières par M Isaac-Étienne d'Argent, avocat. *Londres et Paris*, 1765, in-12.

23. Lettres écossoises. traduites de l'anglois, par M Vincent, avocat. *Amsterdam*, 1777, 2 part. in-12.

24. Lettres de M. de Voltaire à M l'abbé Moussinot, son trésorier ; publ. par M. l'abbé D... *Paris*, 1781, in-8.

Publ. par l'abbé Duvernet

25. Les Loisirs d'une jeune personne raisonnable et sensible. *Paris*, 1786, in-8.

26. Lettres d'un Indien à Paris, par l'auteur des Lettres ré·réatives et morales. *Paris*, 1788, 2 vol. in-12.

Par Caraccioli.

27. Le Dépositaire, ou Choix de lettres sur différents sujets, par une société de gens de lettres et de gens du monde. *Bruxelles et Paris*, 1789, 2 vol. in-12.

RECUEILS DE CONTES.

28. Les Faveurs et les disgrâces de l'amour, ou les Amans heureux, trompés et malheu-

reux. *La Haye, van Dole*, 1734, 3 vol. in-12, fig.

29. Œuvres diverses de M. de Tressan. *Paris. Cellot*, 1776, in-8.

30. Les Amusemens du jour, ou Recueil de petits contes, dédié à la reine, par madame la comtesse de Marle-Mortemart. *Genève et Paris, Jorry*, 1780, in-8.

31. Amusemens d'un septuagénaire, ou Contes. anecdotes, bons mots, etc., mis en vers. *Paris, Poinçot*, 1786, in-8.

Par de Bologne.

32. Anecdotes intéressantes de l'amour conjugal. *Londres et Paris, Hardouin*, 1786, in-12.

Par mademoiselle Poulain.

33. Les Heures de loisir, ou Nouveaux contes moraux. *Paris, Couturier*, 1786, 2 vol. in-12.

Par Briel.

34. Les Contes de mon bisaïeul *Lausanne et Paris, Lejay*, 1788, 2 vol. in-12.

35. Les Nuits de Paris, ou le Spectateur nocturne. *Londres et Paris*, 1788 et suiv., 14 vol. in-12. fig.

Par Rélif de la Bretonne. Les volumes 15 et 16 ont paru en 1794.

36. Les Soupers de Vaucluse. *Paris, Buisson,* 1789, 3 vol. in-12.

Par Regnaud de la Grelaye

SATIRES ET FACÉTIES.

37. Essai satirique et amusant sur les vieilles filles, traduit de l'anglois, par M. Sibille. *Paris,* 1788, 2 vol. in-12.

Trad. de l'angl. de Hayley.

38. Les Petites maisons du Parnasse, ouvrage comico-littéraire d'un genre nouveau en vers et en prose, par le cousin Jacques. *Bouillon,* 1783, in-8.

Par Beffroy de Reigny.

39. Coup d'œil d'un Arabe sur la littérature françoise, ou le Fermier de Bagdad faisant la barbe au barbier Figaro. *Paris, Guillot,* 1786, in-8.

Par Nougaret.

40. Lorgnette philosophique, trouvée par un R. P. capucin sous les arcades du Palais-Royal, et présentée au public par un céliba-taire. *Londres et Paris,* 1785, 2 vol. in-12.

Par Grimod de la Reynière.

41. Le Petit Almanach de nos grands hommes *S. n.,* 1788, in-12.

Par Rivarol et Champcenetz.

42. Le Tartare à Paris, dialogue entre un Français et un Tartare, par M. l'abbé A***. *Paris, Maradan.* 1788, in 8.

Par l'abbé André.

43. Tableaux de la bonne compagnie, ou Traits caractéristiques, anecdotes secrètes, politiques, morales et littéraires, etc., avec des figures gravées par M. Moreau le jeune. *Paris*, 1787, 2 vol. in-12.

Par Rétif de la Bretonne.

44. Les Numéros. *Amsterdam et Paris, rue et hôtel Serpente*, 1784, 4 vol. in-12.

Par Peyssonel.

ROMANS FRANÇAIS DE DIFFÉRENTS GENRES.

45. De l'usage des romans, où l'on fait voir leur utilité, avec une bibliothèque des romans, etc., par M. le C. Gordon de Percel. *Amsterdam, chez la veuve de Poilras*, 1734, in-12.

Par l'abbé Lenglet du Fresnoy.

46. Aboulzin, ou les Dangers d'une mauvaise éducation. *La Haye et Paris*, 1787, 2 vol. in-12.

47. Alexandrine de Ba..., ou Lettres de la princesse Albertine, contenant les aventures d'Alexandrine de B***, son ayeule, traduites de l'allem de dom Gus .. par mademoiselle de ***. *Paris, Buisson*, 1786, in-12.

Par mademoiselle de Saint-Léger.

48. Alphonse d'Inange, ou le Nouveau Grandisson. *Paris, Duchesne*, 1787, 4 part. in-12.

49. L'Amitié dangereuse, ou Célimaure et Amélie, histoire véritable. *Paris*, 1786, 2 part. in-12.

50. L'Amour vainqueur du vice, ou Lettres du marquis de Cousanges. *Amsterdam et Paris*, 1776, 2 part. in-12.

51. Ander-Can, rajah de Brampour et Padmani, histoire orientale. *Paris*, 1788, 3 vol. in-12.

Par N. E. Fantin Desodoards.

52. Anna-Rose-Trée, histoire angloise, par madame de Malarme. *Bruxelles et Paris, veuve Duchesne*, 1783, 2 vol. in-12.

53. L'Année galante, ou les Intrigues secrètes du marquis de L... *Londres*, 1785, in-12.

Par de l'Étuvière, officier aux gardes.

54. L'Aventurier françois, ou Mémoires de Grégoire Merveil ; 3ᵉ édit. *Paris, Quillau*, 1784, 10 tomes en 5 vol. in-12. — Première suite de l'Aventurier françois, 1784, 2 vol. in-12.— Seconde suite, contenant les Mémoires de Cataudin, chevalier de Rosa-

mène, fils de Grégoire Merveil, 1785-86.
4 vol. in-12.— Dernière suite, contenant les
Mémoires de Minette Mavigla, fille de Grégoire Merveil, écrits par elle-même et trad.
de l'italien par son frère Cataudin, 1788-89,
2 vol. in-12.

Par Lesuire.

55. L'Aveugle par amour. *Amsterdam et Paris*, 1781, in-8.

Par la comtesse de Beauharnois.

56. Les Bizarreries du destin, ou Mémoires de
miladi Kilmar, par l'abbé Sabatier, de Castres. *Paris, Moutard*, 1782, 2 vol. in-12.

57. Caliste ou Lettres écrites de Lausanne.
Genève et Paris, Prault, 1788, 2 part. in-8.

Par madame Sainte-Hyacinthe de Charrière.

58. Camille, ou Lettres de deux filles de ce
siècle *Paris*, 1786, 4 vol. in-12.

Par Samuel Constant de Rebecque.

59. Cécile, fille d'Achmet III, empereur des
Turcs, née en 1710. *Paris et Constantinople*,
1787, 2 vol. in-12.

Par Joseph Lavallée.

60. Célide, ou Histoire de la marquise de Ble-
ville, par mademoiselle M... *Paris, Duchesne*, 1775, 2 vol. in-12.

Par mademoiselle Motte.

61. Le comte de Saint-Méran, ou les Nouveaux égaremens du cœur et de l'esprit. *Paris, Le Roy*, 1788, 4 vol. in-12.

Par de Maimieux.

62. La comtesse d'Alibre, ou le Cri du sentiment, par Jos -Marie Loaisel Tréogate. *La Haye, Paris et Berlin*, 1779. in-8.

63. Les Confessions d'Emmanuel Figaro, écrites par lui-même et publiées par une religieuse. *Lausanne et Paris*, 1787, in-8.

Par Jean Lanteres.

64. Les Confessions d'un Anglois, ou Mémoires de sir Charles Simpson, rédigés sur le manuscrit original, par l'auteur de la Quinzaine angloise. *Lausanne et Paris, Regnault*, 1786, 2 vol. in-12.

Par le chevalier de Rutlidge.

65. Les Confessions du chevalier de ***, pour servir à l'histoire de deux époux malheureux de la ville de Marseille. *Paris*, 1786, in-12.

Par Nouvel.

66. Les Confessions d'une courtisane devenue philosophe. *Paris, Couturier*, 1784, in-8.

67. Le Danger d'aimer un étranger, ou Histoire de milady Chester et d'un duc françois. *Londres et Paris, Duchesne*, 1783, 4 part. in-12.

68. Le Danger d'une première faute, histoire angloise. *Londres et Paris, Couturier*, 1784, in-12.

Par Briel.

69. La Dernière Héloïse, ou Lettres de Junie Salisbury, par Dauphin, de Verdun. *Paris, Royez*, 1784, in-18.

70. Les Effets de la prévention, ou la Marquise de Ben ***. *Paris, Buisson*, 1788, 2 vol. in-12.

Par J. C. V. Bette d'Ettienville.

71. Les Égaremens d'un philosophe, ou la Vie du chevalier de Saint-Albin, par de Saint-Clair. *Genève et Paris*, 1786, 2 part. in-12.

72. Les Erreurs d'une jolie femme, ou l'Aspasie françoise. *Bruxelles et Paris, veuve Duchesne*, 1784, 2 vol. in-12.

Par madame Benoît.

73. Euphémie, nouvelle.

Par d'Arnaud Baculard ou par d'Ussieux ?

74. La Femme et les vœux, par M. le marquis E. de Ferrières. *Amsterdam et Paris, Poinçot*, 1788, 2 part. in-12.

75. La Femme vertueuse, ou le Débauché converti par l'amour, lettres publiées pour l'instruction de quelques sociétés, par l'A. D. L. G. *Amsterdam et Paris, Lefèvre*, 1787. 2 vol. in-12.

76. La Femme infidèle, par Maribert de Courtenay. *Neufchâtel et Paris*, 1785, 4 vol. in-12.

Par Rétif de la Bretonne.

77. Foka, ou les Métamorphoses, conte chinois dérobé à M. de V***. *Paris, veuve Duchesne*, 1777, **2** part. in-12.

Par Baret.

78. La Folle de Paris, ou les Extravagances de l'amour et de la crédulité, par P. J. B Nougaret. *Londres et Paris, Bastien*, 1787, 2 vol. in-12.

79. Le François à Constantinople *Constantinople*, 1787, in-12.

80. Geneviève de Cornouailles et le damoisel sans nom, roman de chevalerie. *Londres et Paris, Buisson*, 1786, 2 vol. in-12.

Par Mayer.

81. Henriette de Gerstenfeld. *Genève*, 1782, 3 vol. in-12, fig.

82. L'Heureux jeune homme, histoire orientale. *Londres et Paris, veuve Duchesne*, 1786, 2 vol. in-12.

Par de Maimieux.

83. Histoire de mademoiselle de Sirval, ou le Triomphe du sentiment, par M. de Tournon. *Paris*, 1788, 2 tomes in-12.

84. Histoire de Sophie et d'Ursule. *Londres et Paris, Buisson*, 1789, 2 vol. in-12.

Par Le Vacher de Charnois.

85. Histoire d'une Franco-indienne, écrite par elle-même. *Paris, Buisson*, 1787, 2 vol. in-12.

86. Honorine Derville, ou les Confessions de madame la comtesse de B***. *Paris, veuve Duchesne*, 1789, 2 part., in-12.

Par le chevalier du Plessis.

87. Histoire d'une jeune luthérienne, par l'auteur de l'An 2440. *Paris*, 1786, 2 vol. in-8.

88. L'Homme errant fixé par la raison. *Paris, Royez*, 1787, 2 vol in-12.

Par madame Marie-Armande Jeanne d'Humières, depuis madame Dufour.

89. Les Hommes comme il y en a peu, et les Génies comme il n'y en a point, contes moraux. *Bouillon*, 1776, 2 vol. in-8.

90. L'Hypocrite démasqué, ou Félix et Colombe. *Londres et Paris, veuve Duchesne*, 1786, 2 part. in-12.

Par de Maimieux.

91. Les Indiens ou Tippoo-Saïb, sultan, fils d'Ayder-Ali, avec quelques particularité sur ce prince, son ambassade en France, etc. *Paris*, 1788, in-8.

92. Lettres du chevalier de Saint-Alme et de mademoiselle de Melcourt, par mademoiselle de ***. *Amsterdam et Paris, Delormel*, 1781, in-12.

Par mademoiselle de Saint-Léger, depuis madame de Colleville.

93. Lettres de mademoiselle de Tourville à madame la comtesse de Lenoncourt. *Paris, Barrois l'aîné*, 1788, in-12.

Par mademoiselle Fontette de Sommery.

94. Lettres de madame la comtesse de la Rivière à madame la comtesse de Neupont, son amie, contenant les principaux événements de sa vie, de celle de ses enfants et de quelques uns de ses parents, avec beaucoup de nouvelles et d'anecdotes du règne de Louis 14, jusqu'à l'année 1712. *Paris, Froulé*, 1776, 3 vol. in-12.

Publ. par mademoiselle Poulain.

95. Lettres de milady Lindsey, ou l'Épouse pacifique, dédiées à M. le marquis de Genlis, par madame de Bournon-Malarme. *Londres et Paris, Cailleau*, 1780, 2 part. in-12.

96. Lettres et mémoires de mademoiselle de G.... et du comte de Fl.... *Londres et Paris, veuve Dammonneville*, 1772, 2 part. in-18.

Par Huerne de La Mothe.

97. Lettres de Sophie et du chevalier de ***
pour servir de supplément aux Lettres du
marquis de Roselle. *Paris, Lesclapart,* 1765.
2 vol. in 8.

Par Desfontaines de La Vallée.

98. Les Malheurs de la jeune Émilie, pour
servir d'instruction aux âmes vertueuses et
sensibles, par madame la présidente d'Ormoy.
Paris, Dufour, 1777, 2 part. in-12.

99. Lucinde, ou les Amans traversés, histoire presque véritable. *Londres et Paris,*
Momoro, 1788, in-12.

100. Mémoires de mademoiselle de Baudéon.
pour servir à l'histoire de l'année dernière.
S. n., 1784, in-12.

Par le marquis de Luchet.

101. Mémoires de sir Georges Wolap, ses voyages, par L. C. D. *Londres et Paris, veuve*
Duchesne, 1788, 6 vol. in-12.

Par le chevalier Duplessis.

102. Mémoires du sultan Faithful. *Au Mans,*
1787, in-8.

103. Mémoires d'une jeune fille, écrits par
elle-même *Bruxelles et Paris,* 1789, 2 vol.
in-12, fig.

104 Mémoires d'une religieuse, écrits par
elle-même, recueillis par M de L***.

*Amsterdam et Paris, Lesclapart, 1766,
2 part. in-12.*

Par de Longchamps.

05. Mémoires turcs, par un auteur turc de
toutes les académies mahométanes, licencié
en droit turc et maître ès arts de l'université
de Constantinople. *Amsterdam, 1776, 2 vol.
in-12.*

Par Godard d'Aucour. — Sixième édition précédée d'une
épitre dedicatoire à mademoiselle du Thé.

106. Milord d'Amby, histoire angloise, par
madame Beccari. *Paris, Bastien, 1781,
2 part. in-12.*

107. Milord Lowe Rose....

108. Misogug, ou les Femmes comme elles
sont, histoire orientale, traduite du chaldéen
Paris, Poinçot, 1788, 2 part. in-12.

Par le chevalier de Cubières.

109. Le Nouvel Abeilard, ou Lettres de deux
amans qui ne se sont jamais vus. *La Haye
et Paris, veuve Duchesne, 1778, 4 vol. in-12.*

Par Rétif de la Bretonne.

110. L'Orphelin normand, ou les Petites causes et les grands effets. *Paris, Desventes de
la Doué, 1768, 4 vol. in-12.*

Par Charpentier.

111. Les Parisiennes, ou Quarante caractères généraux pris dans les mœurs actuelles. *Neuchâtel*, 1787, 4 vol. in-12, fig.

Par Rétif de la Bretonne.

112. Le Philosophe parvenu, ou Lettres et pièces originales contenant les aventures d'Eugène Sans-Pair, par l'auteur de l'Aventurier françois. *Londres et Paris, Quillau,* 1787, 6 vol. in-12.

Par P. Lesuire.

113. Le Préjugé vaincu, ou Lettres de madame la comtesse de ***, à madame de ***, réfugiée en Angleterre, par madame Gacon-Dufour. *Paris, Royez,* 1787, 2 vol. in-12.

114. Richard Bodley, ou la Prévoyance malheureuse, par madame Bournon-Malarme. *Londres, veuve Duchesne,* 1785, 2 vol. in-12.

115. Roland et Séraphine, histoire turque. *Paris,* 1788, 2 vol. in-12.

116. Six semaines de la vie du chevalier de Faublas, pour servir de suite à sa Première année. *Paris, Bailly,* 1788, 8 part. in-12.

Par Louvet de Couvray.

117. Sophie, ou Mémoires intéressans pour servir à l'histoire des femmes. *Amsterdam et Paris, Mérigot,* 1779, 2 vol. in-12.

Par Contant d'Orville.

118 Sophie, ou Lettres de deux amis, recueillies et publiées par un citoyen de Genève. *Genève, du Villard*, 1779, 2 part. en 1 vol. in-8.

Par J. L. Mollet.

119. Les Suites d'un moment d'erreur, ou Lettres de mademoiselle de Keresmont, publiées par madame de ***. *Amsterdam et Paris, Le Jay*, 1775, 2 parties in-12.

Par madame de Boisgiroux.

120 Tableau des mœurs d'un siècle philosophe ; histoire de Justine de Saint-Wal, par M. F. E. L. R. D. L. *Manheim et Paris*, 1786, in-12.

Par Leroy de Lozembrane.

121. Tout est possible à l'amitié, ou Histoire de milord Love Rose et de Sophie Mostain, par madame de Bournon-Malarme. *Londres et Paris, veuve Duchesne*, 1786, 2 vol. in-12.

122. Les Travers d'un homme de qualité, ou les Mille et une extravagances du comte de D***, mémoires rédigés et publiés par M. N***. *Bruxelles et Paris D-fer de Maisonneuve*, 1788, 2 vol. in-12.

Par Nougaret.

123. Le Triomphe de la Nature, roman nouveau. *Amsterdam et Paris, Belin*, 1783, in-12.

Par Desmarets, fermier général.

124. Une année de la vie du chevalier de Faublas. *Londres et Paris, Bailly*, 1787, 5 part.

Par Louvet de Couvray.

125. Une seule faute, ou Mémoires d'une demoiselle de qualité. *Strasbourg et Paris.*
1788, 2 vol. in-12.

Par le marquis de Luchet.

126. Vathek , conte arabe. *Paris, Poinçot,*
1787, in-8.

Par Sébastien Mercier.

127. Les Veillées du Marais, ou Histoire du
grand prince Oribeau et de la vertueuse princesse Oribelle, tirée des anciennes annales
irlandaises, et récemment translatées en françois. *Waterford et Paris, veuve Duchesne,*
1786, 4 vol. in-12.

Par Rétif de la Bretonne.

128. Le Vice et la foiblesse, ou Mémoires de
deux provinciales, rédigés par l'auteur de la
Quinzaine angloise. *Lausanne et Paris, Regnault,* 1785, 2 vol in-12.

Par le chevalier de Rutlidge.

129. Vie et amours d'un pauvre diable. *Paris.*
1784, 2 vol. in-12.

Par Haudard.

130. Les Voyages de lord Henri, histoire angloise, par J. H. D. B***, auteur du Nou-

veau petit Pompée et du Danger d'une première faute. *Londres et Paris*, 1785, in-12.

Par Briel.

131. La Voix de la Nature, ou les Aventures
de madame la marquise de***, par madame
de R. R., auteur de la Paysanne philosophe.
Amsterdam, aux dépens de la Compagnie,
1774, 5 part. in-12.

Par madame Robert, née Anne de Roumier.

132. Zélie dans le désert, par madame D***.
Londres et Paris, Belin, 1787, 2 vol. in-8.
Par madame Daubenton.

ROMANS ÉTRANGERS.

133. Anna, ou l'Héritière galloise, trad. de
l'anglois. *Paris*, 1788, 4 part. in-12.

Trad. de miss Bennett, par Dubois-Fontanelle.

134. Aspasie, trad. de l'anglois. *Londres*,
1787, 2 part. in-12.

135. Aurelia, ou la Vie du grand monde, trad.
de l'anglois. *Paris*, 1789, 2 vol. in 12.

136. Les Aventures comiques et plaisantes
d'Antoine Varnish, trad. de l'anglois.
Bruxelles, 1788, 4 vol. in-18, fig.

137. La Belle Syrienne, par l'auteur de Moun-

theneth, trad. de l'anglois. *Paris, Briand,* 1788, 2 vol. in-12.

Trad. de Robert Bage.

138. Caroline. ou les Vicissitudes de la fortune, trad. de l'anglois. *Paris,* 1788, 3 vol. in-12, fig.

139. Les Dangers de la coquetterie, roman anglois de mistress Opie, trad. par madame Marie-Armande-Jeanne d'Humières. *Paris. Buisson,* 1787, 2 vol. in-12.

140. L'École des maris, trad. de l'anglois. *Amsterdam et Paris.* 1776, in-12.

141. Édouard et Sophie, roman trad. de l'anglois *Maestricht,* 1789, in-12.

142. Emma, ou l'Enfant du malheur, trad. de l'anglois *Paris, Buisson,* 1788. 2 vol. in-12.

Par mademoiselle Baudry.

143. Évelina. ou l'Entrée d'une jeune personne dans le monde, ouvrage trad. de l'anglois et abrégé. *Amsterdam et Paris, Le Jay,* 1780. 3 vol. in-8.

Trad. de mistress Burney, par Griffet de La Baume.

144. Le Fils naturel, ou Mémoires de Greville. trad. de l'anglois. *Amsterdam et Paris.* 1786. in-12.

Par mademoiselle Haudry.

K 2

145. Georgina, histoire véritable, par l'auteur de Cecilia, trad. de l'anglois par M. V***. *Genève et Paris, Maradan,* 1788, 4 v. in-12.

Mal attribué à miss Burney.

146. Les Imprudences de la jeunesse, par l'auteur de Cecilia, trad. de l'anglois par madame la baronne de Vasse. *Paris,* 1788, in-12.

Trad. de miss Burney, ou mistriss Bennett.

147. Julie de Grammont, trad. de l'anglois sur la 2ᵉ édit. *Londres et Paris,* 1788, 2 vol. in-12.

148 Histoire de lady Barton, par mistriss Griffith; trad. de l'anglois. *Lausanne,* 1788, 2 vol. in-12.

149. Histoire de lady Cleveland, trad. de l'anglois. *Paris, Crapart,* 1788, 2 vol. in-12.

150. Histoire du petit Pompée, ou la Vie et les aventures d'un chien de dame, imitée de l'anglois, par J. H. D. B***. *Londres et Paris, Couturier,* 1784, in-12.

Imité de Coventry, par Briel.

151. Histoire de Rhedy, l'ermite du mont Ararat, conte oriental, traduit de l'anglois. *Londres et Paris, Mérigot,* 1777, 2 vol. in-12.

152. Histoire de miss West, ou l'Heureux dénouement, par madame ***, auteur de l'Histoire d'Emilie Montagne, trad. de l'anglois. *Rotterdam et Paris*, 1777, 2 part. in-12.

Trad. de mistriss Brooke.

153. L'Homme et la femme sensibles, trad. de l'anglois. *Londres et Paris, Le Jay*, 1775, 2 part. in-12.

Trad. de Mackensie, par Peyren.

154. L'Homme du monde, roman moral, trad. de l'anglois, par de Saint-Ange. *Amsterdam et Paris, Pissot,* 1775, 2 vol. in-12.

Trad. de Mackensie.

155. Les Hommes volans, ou les Aventures de Pierre Wilkins, trad. de l'anglois *Londres et Paris, veuve Brunet,* 1763, 3 vol. in-12.

Trad. par de Puisieux.

156. Le Jeune infortuné, ou Mémoires de lord Kilmarnorff, trad. de l'anglois. *Amsterdam,* 1776, 2 vol. in-12.

157. Le Mari sentimental, ou le Mariage comme il y en a quelques-uns, suivi des Lettres de mistriss Henley, publiées par son amie, madame de C*** de Z***. *Genève et Paris, Buisson,* 1786, in-12.

Par Samuel Constant de Rebecque ; publ. par madame de Charrière, de Zuylen.

K 3

158. Maria, ou Lettres d'un gentilhomme anglois à une religieuse, trad. de l'anglois. *Paris, Le Tellier*, 1787, in-12.

Trad. de madame Blower.

159. Melise et Marcia, ou les Deux sœurs, trad. de l'anglois. *Paris*, 1788, 2 v. in-12.

160. Mémoires de Fanny Spingler, ou les Dangers de la calomnie, trad. de l'anglois, par madame Beccari. *Paris, Knapen*, 1781, 2 v. in-12.

161. Romans anglois : Cecilia, ou Mémoires d'une héritière, et Évelina, trad de l'anglois de miss Burney. *Genève, Barde*, 1784, 10 v. in-18.

Trad. par H. Rieu et Reufner.

162. Le Souterrain, ou Mathilde, par miss Sophie Lee, trad. de l'anglois sur la 2e édit. *Paris, Th. Barrois*, 1787, 3 vol. in-12.

Trad. par de La Mare.

163. Le Sylphe, trad. de l'anglois. *Genève et Paris, Mérigot*, 1784, in 12.

Trad. par P. Letourneur.

164. La Visite d'été, ou les Portraits modernes, par l'auteur de Georges Bateman et Maria, trad. de l'anglois, par M. de la Montagne. *Paris, Knapen*, 1788, 3 vol. in-12.

Trad. de madame Blower.

165. Zoraïde, ou les Annales d'un village, trad. de l'anglois. *Paris*, 1787, 3 part. in-12.

166. Les Samiens, conte trad de l'anglois : le Phénix, apologue arabe ; Caliste et Phileton, fragments d'une nouvelle grecque, trad. l'un et l'autre de l'italien. *Paris, Knapen*, 1781, in-12.

Par madame d'Arconville.

167. Le Nouveau Gil Blas, ou Mémoires d'un homme qui a passé par les épreuves les plus dures de la vertu, trad. de l'allemand, de M. Hertzberg, par C. H Nirel. *Francfort et Paris*, 1779, 3 vol. in-18.

168. Histoire de mademoiselle Sara Burger-hart, trad. du hollandois, de mesdames E. Bekker et A. Deken. *Lausanne*, 1787, 4 vol. in-18.

HISTOIRE.

169. État militaire, naval, nobiliaire, etc., de la Grande-Bretagne. *Paris*, 1782, in-12.

170. Londres et ses environs, par M. D. S. D. L. *Paris, Buisson*, 1788, 2 vol. in-12.

Par de Serre de Latour.

171. Nouveau tableau de Spa, manuel indispensable à ceux qui fréquentent ce lieu funeste S. *n*., 1784, in-8.

172. Mémoires de madame de Warens, suivis de ceux de Claude Anet, publiés par un C. D. M. D. P., pour servir d'apologie aux Confessions de J. J. Rousseau. *Chambery*, 1786, in-8.

Publ. par Doppet.

173. Notice sur la vie de M. Poivre, ancien intendant des isles de France et de Bourbon. *Philadelphie*, 1786, in-8.

Par Dupont de Nemours.

174. La Vie du baron de Trenck, trad. de l'allemand. *Paris*, 1788, 2 vol. in-12.

Trad. par le baron de Bock.

175. Histoire de Charles Price, fameux escroc de Londres, trad. de l'anglois. *Paris, Volland*, 1787, 2 vol. in-12.

FIN.

Paris. — Imprimerie de L. MARTINET, rue Mignon, 2.

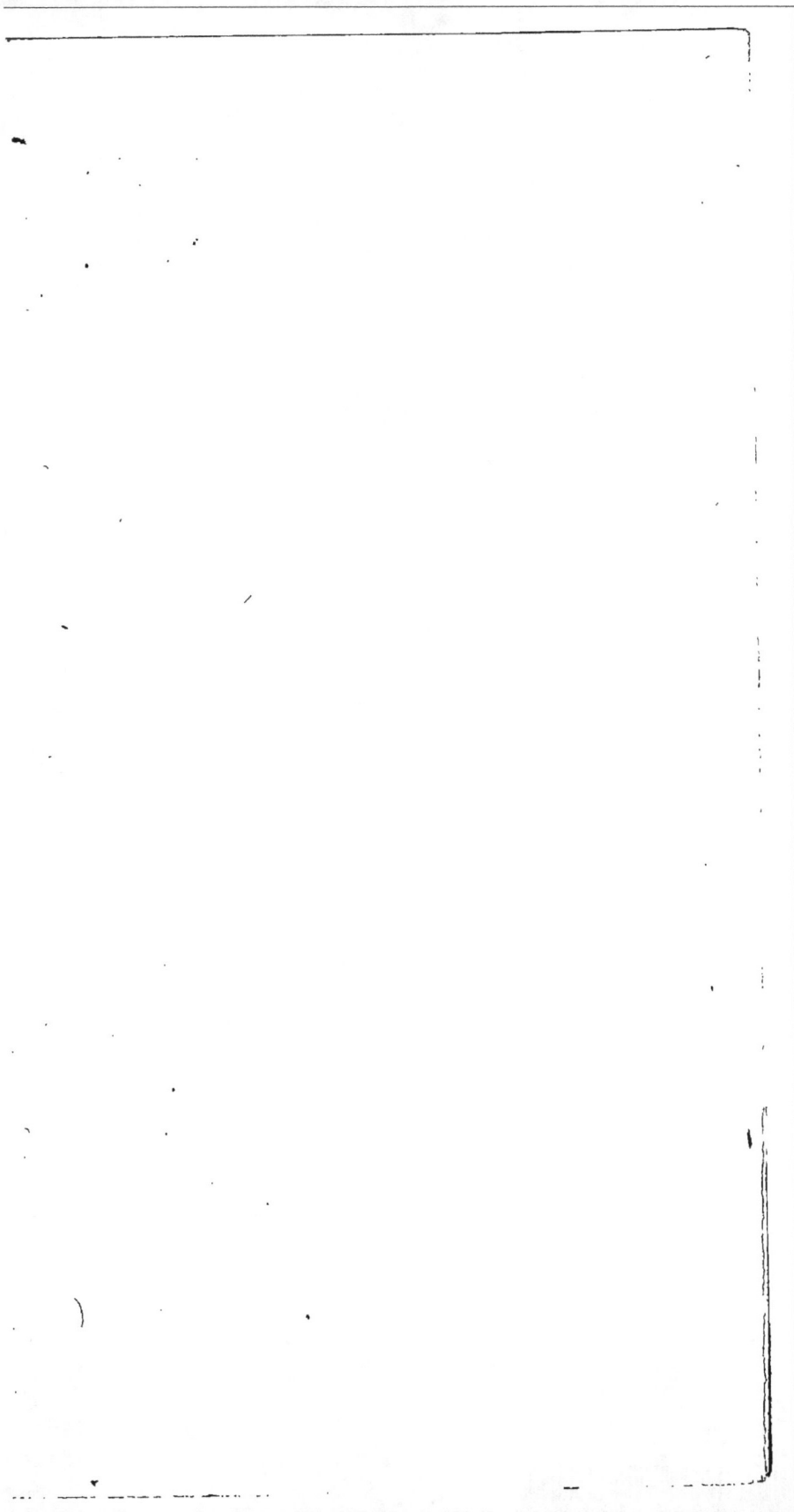

www.ingramcontent.com/pod-product-compliance
Lightning Source LLC
Chambersburg PA
CBHW060434090426
42733CB00011B/2270